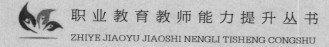

职业教育教师能力提升丛书

ZHIYE JIAOYU JIAOSHI NENGLI TISHENG CONGSHU

学生管理

XUESHENG GUANLI

河南省职业技术教育教学研究室 组编

zjfs.bnup.com | www.bnupg.com

北京师范大学出版集团
BEIJING NORMAL UNIVERSITY PUBLISHING GROUP
北京师范大学出版社

图书在版编目(CIP)数据

学生管理/河南省职业技术教育教学研究室组编. —北京：北京师范大学出版社，2018.3（2020.3重印）

ISBN 978-7-303-23369-4

Ⅰ．①学…　Ⅱ．①河…　Ⅲ．①中等专业学校—学生—教育管理　Ⅳ．①G718.3

中国版本图书馆 CIP 数据核字（2018）第 013619 号

营　销　中　心　电　话　010-58802181　58805532
北师大出版社高等教育分社网　http://gaojiao.bnup.com
电　子　信　箱　gaojiao@bnupg.com

出版发行：北京师范大学出版社　www.bnup.com
　　　　　北京市海淀区新街口外大街 19 号
　　　　　邮政编码：100875
印　　　刷：北京溢漾印刷有限公司
经　　　销：全国新华书店
开　　　本：787 mm×1092 mm　1/16
印　　　张：8
字　　　数：166 千字
版　　　次：2018 年 3 月第 1 版
印　　　次：2020 年 3 月第 3 次印刷
定　　　价：20.00 元

策划编辑：易　新　　　　责任编辑：王星星　邸玉玲
美术编辑：高　霞　　　　装帧设计：高　霞
责任校对：陈　民　　　　责任印制：陈　涛

前　　言

在构建现代职教体系、培养高素质劳动者和技术人才的进程中，职业学校德育工作占有重要地位。它是加快发展现代职业教育的内在要求，是实现"立德树人"目标的重要保障，更是职业教育工作者所承担的政治责任和历史责任。中职班主任是职业学校德育工作的主要承担者，是中职学生成长的引领者，是沟通职业学校与社会、家庭的桥梁，是职业教育的中坚力量，是中职学校的形象代言人。因此，中职班主任责任重大，他们的综合素质、工作能力和管理水平直接影响职业教育教学的质量，影响职业教育育人目标的实现，影响中职学校自身发展的前景。

基于中职班主任工作的重要性，河南省职业技术教育教学研究室以教育部、人力资源和社会保障部《关于加强中等职业学校班主任工作的意见》为依据，以《中等职业学校德育大纲（2014 年修订）》为指导，以提高中职学校班主任工作能力、促进班主任专业化成长为目的，结合实际，组织学生管理专家编写了本书。

本书共四章，第一章"中职班主任工作基础"分析了中职班主任管理对象现状、队伍建设现状，明确了中职班主任的职业要求；第二章"中职班主任班级建设方略"从班干部队伍建设、班级活动组织、班级文化体系建设方面为班主任提供班级建设、日常管理的思路与方法；第三章"中职班主任专题教育"以落实《中等职业学校德育大纲（2014 年修订）》为目的，讲述了班级专题教育活动的内容，开展的原则、形式，并提供了一线班主任撰写的优秀案例；第四章"中职班主任工作的发展与创新"则着眼新形势，提供新思路，解决新问题。附录"相关政策制度"是中职班主任开展班级管理工作的依据。本书既有政策的指引、理论的阐述，又有切实的方法、生动的实例，可以为中职班主任开展工作提供很好的指导，也可作为班主任培训的教材。

本书由河南省商务学校张士平和安阳市职业与成人教育教学研究室赵月妹担任主编并负责全书的统稿工作，由河南省理工中等专业学校窦芳担任副主编；河南省商务学校陈冰、蒋东霞、许刚等老师参加了编写。由于时间仓促，书中或有错漏和不妥之处，欢迎各位读者批评指正。

编　者

2017 年 5 月

目　　录

第一章 中职班主任工作基础

制度设计是保障工作开展的有力措施。针对中职学校学生的工作特点制定的学生工作制度是学校德育、班主任工作和学生健康成长的有力保障。制定学生工作制度、打造学生工作体系是学校开展德育的基础，是学校工作的重要组成部分。依靠制度的力量，促进学校德育工作的开展，保障班主任工作的专业化发展，帮助学生顺利成人、成才是学生工作的首要任务。

第一节 中职学生现状

中等职业学校招生对象以初中没有毕业提前"分流"的、初中毕业成绩较差的、高中学业半途而废的以及高考成绩不太理想的学生为主，这部分学生大多数是基础教育中被忽视的群体，由于他们中考、高考分数较低，有的甚至从小学到初中长期承受教师、家长的过多指责，因此，大部分中职学校学生的心理素质水平偏低，入校后各方面表现都不是很好。他们自我期望值低，不够自信，承受能力较差，没有压力感和竞争意识，生活得过且过，对未来不知所措。面对中职学生这种现状，我们需要对其形成的原因进行深入探究，通过科学的教育教学措施，采取有的放矢的方式方法，使他们能更好地适应竞争激烈的社会。

一、中职学生的学习现状

（一）基础知识薄弱，主观意识欠缺

为保证生源，中职学校招生门槛较低，客观上造成了生源质量差、文化层次偏低的现状。入校学生的综合知识水平令人担忧。例如，有些学生在写作时常常错别字连篇，甚至对请假条、申请书等常用的应用文写作规范都一知半解。

有关调查数据显示，有近半的中职学生认为学习文化知识对自己的成长不重要，

认为学习是一件可有可无的事情。对于学习的目标,大多数的中职学生理解为考试获得高分,少数中职学生理解为能够掌握和运用所学的知识。这种对知识价值和学习作用的片面认识,正是导致中职学生学习价值观偏颇的根源。俗话说,家长是学生的第一任老师,部分学生家长文化程度不高,对学生的要求和期望自然也不会很高,这在无形中影响着学生对学习的重视程度。一些家长对学生没有要求,学生自然没有学习的动力,即使有些家长主观上渴望学生学得一技之长,以便将来找到合适的工作,但是学生自己却不知为何要学习,学了又有何用。因此,他们漫无目的,不愿意认真上课或上课心不在焉,课后更不肯复习巩固所学知识,作业应付了事,把精力和时间放在玩手机、打游戏、看小说、谈恋爱等与学习无关的活动上。

(二)学习动机不明确,自觉性不高

学习动机是指引发与维持学生的学习行为,并使之指向一定学业目标的动力倾向。学习动机是直接推动学生进行学习的内部动力,是激励和指引学生进行学习的一种需要。它包含两个基本成分,即需要和期待。奥苏伯尔指出,动机与学习的关系是典型的相辅相成的关系,绝非一种单向关系。成就动机强的人对学习的需求比较强烈,求知欲旺盛,学习自主自觉,并能全力以赴。

众多调查表明,很多中职学生对学习都有"被逼无奈"的感觉。他们迫于家长的各种说教或压力入校,大部分基础差,缺乏自觉性,存在不同程度的学习障碍。他们学习动机不明确,也没有学习压力,不确定自己喜欢什么专业,为什么要学习这些课程,甚至学习语文、英语等文化基础课程都感觉吃力,对于专业课程的学习和掌握更是束手无策。由于职业教育的课程以专业课为主,以较高层次的文化课为辅,如物流专业的《仓储管理》、财会专业的《基础会计》、计算机专业的《网页设计》等,这些课程的理论性和实践性都较强,所以更需要中职学生了解专业特点,增强学习动机,自主学习,提高自觉性。

有的学生对自己信心不足,再加上年龄小、自制力差,学习带有很大的盲目性,还容易受外界干扰。他们在学习上往往很被动,遇到困难易产生消极畏难情绪,甚至把学习看成一种累赘和负担,这种现象充分说明学生的学习缺乏内在的推动力量。尽管如此,也有学生能明确自己的学习目的是掌握一技之长,可是这并不能成为学生学习的重要支柱。对于基础知识薄弱的他们,明确学习动机,加强自主学习能力,自觉提高学习意识,才是重中之重。

(三)行为习惯欠佳,自我约束不够

就中职学校的生源质量而言,中职学生是未考入普通高中的学生,其学习成绩大多数属于中下等水平,而且这个年龄阶段学生的各种习惯均已趋于定型。大多数学生的学习习惯欠佳,文明礼仪习惯未养成,安全意识较差,甚至有的学生不注重个人卫生。

少成若天性，习惯成自然。中职学生的这些不良行为习惯都是平时自我约束不够造成的。

二、中职学生的心理现状

(一)自卑感严重

大部分中职学生是因为初中教育阶段升学考试失败或是因家庭经济条件较差而选择就读中职学校的。在义务教育阶段，中职学生学习成绩不理想，其中相当一部分学生是家长在外打工、家庭有问题、亲情缺失的孩子。在面对理想信念与现实的矛盾时，他们无所适从，又对自身能力缺乏信心，从而丧失了学习的兴趣，对前途茫然无措，严重的还会产生厌学情绪。由于知识基础薄弱，学习能力较差，面对陌生的理论学习与技能培训，他们难免会产生失落感，久而久之，便会产生自卑心理，自信心也难以树立起来。

(二)自我意识不够健全

由于中职学生的年龄集中在15~18岁，因此，他们的自我意识不够健全和完善。他们容易受到周围各种因素的影响，对于发生在自己身上的事情，不能正确处理，往往会寻找外界因素以便为自己开脱，以求维持心理平衡。他们容易意气用事，依赖性强，情感脆弱，不能正确认识自己和他人。有的学生甚至都不清楚自己的优缺点，不能正确评价自己，容易沾沾自喜、过分夸大。

(三)逆反心理严重

这个时期的学生大多处于青春叛逆期，情感丰富，情绪波动大，对于校纪校规抱有抵触心理，对学校、教师和家长的教育置若罔闻。他们渴望长大成人，向往无拘无束、独立自由，希望摆脱家长、教师的管束，因此在行为上多表现为偏激、另类、叛逆。同时，由于年龄小，又无升学和学习压力，明辨是非和自我管理的能力都比较差，因此他们很容易受到社会上不良风气的干扰和误导，导致出现各种各样的问题。

中职学生的学习、行为和心理现状决定了中职学校学生管理工作和德育工作的难度，对中职班主任的爱心、责任心、工作能力、管理艺术也提出了更高的要求。

第二节　中职班主任现状

教育行业的发展在很大程度上是依靠教师的。对如今高速发展的中职教育行业来说，要想保证中职学生的学习能力和职业素养都有一定提升，需要对中职班主任的工作进行全面分析，使其工作能力和工作计划能够符合社会发展需求。在对中职班主任现状进行分析的时候我们发现，中职教育的学生管理内容与其他教育类型相比存在着一定差异，影响因素也是多方面的。

中职班主任工作不仅仅是一门技术，更是一门艺术。在以就业为导向的职业学校办学方针的指导下，新时期中等职业学校班主任工作主要具备复合性、开放性、民主性三大特点。复合性是指中职班主任在班级管理中不仅要着眼于学生某一方面的发展，而且要关注学生的综合发展，特别是综合职业能力的发展。这意味着班主任工作要以职业道德教育为主线，面向全体学生，面向可持续发展，采用多种教育方法，促进学生整体发展。开放性是指中职班主任首先要把班级工作与社会和企业紧密联系，从企业的用人需求来探讨班集体建设和班主任工作的正确途径。同时，中职班主任要具备敏锐的眼光和超前的意识，对学生加强职业道德的养成教育，不仅要关注学生客体的发展，还要关注学生精神的成长和心理诉求，针对时代的新特点，寻求科学的教育方法，打开每个学生的心扉，培养学生健全的心灵和良好职业道德行为，使其符合企业对人才素质的要求，从而提高学生的就业质量。民主性是指中职班主任不仅是班级的组织者和管理者，更应该是学生的知心朋友。古人云，君子一日三省吾身，班主任应该经常就班级管理问题听听学生的意见和建议，充分发挥学生自我管理的能动性，真正成为学生的良师益友。只有这样，才能培养学生的创新意识、自律精神、团队合作精神和社会责任感。

一、中职班主任年轻化

由于中职学生管理的复杂性、烦琐性和特殊性，中职班主任需要更多的精力和时间。老教师往往由于事业及家庭的原因不愿担任班主任，因此在很多中职学校，班主任多由刚参加工作的年轻教师担任，所以班主任队伍呈年轻化趋势。面对班主任工作，年轻人具有精力充沛、有活力等得天独厚的优势，可以像大哥哥、大姐姐一样，较为顺畅地与学生交流、沟通，对学生面临的问题能感同身受，解决问题的方式也更易于学生接受。但年轻是把双刃剑，年轻人也有缺乏经验、管理手段和方法不够艺术等缺点。

二、中职班主任工作动力不足

近几年，在党和国家的高度重视下，随着经济与社会发展对于技术技能人才需求的增加，人们对中职教育的关注和重视程度有很大的提高。在这种情况下，中职学校的生源有逐渐扩张的趋势，致使中职学校学生数量不断增多，中职班主任的需求量也在不断扩大。但是，由于受到各个方面因素的影响，中职学校招收符合相应规定的教师担任中职班主任还存在很大的障碍。目前的中职学校存在着班主任自身工作动力不足的现象，而且为了尽快招聘到中职班主任，很多中职院校对中职班主任的标准大幅降低，使得中职院校内部出现大量转岗或者兼职人员。这些中职班主任在工作上并没有很高的热情，学生管理工作的能力还有待提高。

三、中职班主任自身存在问题

20世纪90年代前，我国职业学校曾从企业引进职教师资，他们具有丰富的实践经验，对职业学校学生技能水平与职业素质的提高产生了积极的作用。文化课教师多是几年前分配制度下的教师，时至今日已经步入中年，在学生管理方面有一定的优势，但在专业方面不能满足社会的需求。在中职学生管理方面，中职班主任大多认为中职生就是"学困生"，一旦班级出现问题就把责任推到学生身上，这样对于解决问题没有好处，也不利于提升对整个班级的管理水平。

四、学校管理体制给中职班主任工作造成困扰

现阶段部分中职学校在管理与评价中职班主任等方面不是很科学，没有制定班主任管理制度。现在普遍的情况是班主任严重超负荷工作：既有行政工作、教学工作，又要负责学生管理。大部分青年教师不愿意承担班主任工作，一些青年教师出于评职称等原因被迫选择承担班主任工作。因此，他们在担任班主任工作期间积极性不高、效率低下，体力负担与心理负荷过重。

五、中职班主任德育工作存在不足

中职班主任的德育工作主要存在以下问题：绝大多数中职班主任缺乏明确的德育核心引导，不能把德育工作作为一项育人工程进行全面思考、整体设计，不善于运用心理学、教育学、美学等理论指导德育工作，只是针对学生出现的问题进行教育，德育工作处于缺乏理念引导的散乱、被动状态；没有制定德育工作的总体目标和学期目标，不能依据目标确定德育工作的内容、方法和评价机制，德育工作方向不明、目标模糊；主要采用传统说教方式进行德育，缺乏丰富多样、生动活泼的德育方法，不能根据德育教学的内容设计适宜的教育方法，不能根据学生的个体差异设计个别教育，不注重德育方法的科学实践；不重视对学生进行德育评价且评价方式单一，多采用定性评价，以口头或书面的评语为主。

第三节　中职班主任的职业要求

中职班主任工作既是一门科学，也是一门艺术。中职班主任应该根据社会发展的

需要以及职业学校学生的特点，明确自己的角色定位、工作职责，提升专业能力，从而实现班级工作和自身专业化成长同步发展的目标。

一、中职班主任的角色定位

教育部、人力资源和社会保障部《关于加强中等职业学校班主任工作的意见》明确指出：中等职业学校班主任是中职学生管理工作的主要实施者，是中职学生思想道德教育的骨干力量，是中职学生健康成长的引领者。《中等职业学校德育大纲（2014年修订）》提出，班主任是组织班级管理和德育的直接实施者。因此，中职班主任要做到专业定位准确：①是中职生思想成长的引导者；②是中职班级管理的领导者；③是中职班级活动的号召者；④是中职生职业生涯规划的引领者；⑤是学校、家庭和企业的沟通者。

二、中职班主任的工作职责

班主任是学生健康成长的指导者和引路人，肩负着班级日常管理和德育工作的重要职责；班主任是班集体的领导者和组织者，既担负着班级设计师的使命，又担负着施工员的重任；既是沟通学校、家庭、社会的桥梁，又是联系任课教师的纽带；既是校长建立和保持学校正常秩序的助手，又是学生成长的保护者和引路人。《关于加强中等职业学校班主任工作的意见》进一步明确了中职班主任的工作职责，中职班主任岗位是重要的专业性岗位，班主任要认真履行以下主要工作职责。

（一）学生思想工作

深入了解分析学生的思想、心理、学习、生活状况，开展思想道德教育，提升学生思想道德品质。针对学生在成长过程中遇到的实际问题，进行教育、引导与援助，帮助学生提高应对挫折、适应岗位、融入社会的能力。

（二）班级管理工作

组建班委会，制定班级公约和学生自律规范，维护良好的教育教学秩序和生活秩序；客观、公正地做好学生的综合素质评价工作，对学生进行表扬和批评教育，向学校提出奖惩建议；加强安全教育，维护班级和学生安全。

（三）组织班级活动

指导班委会、团支部开展工作，引导学生参加有利于健康成长的课外兴趣小组、社团活动、文体活动以及志愿者服务等社会实践活动。根据学校培养目标，针对班级特点，开展形式多样的主题班（团）会活动。

（四）职业指导工作

教育、引导学生树立正确的职业理想和职业观念，形成良好的职业道德，提升职业素养与职业生涯规划能力；指导学生根据社会需要和自身特点选择职业发展方向，顺利实现就业、创业或升学。

（五）沟通协调工作

全面及时地了解学生在家庭和社区的表现，帮助、引导家长和社区配合学校做好学生的教育和管理工作。根据学校安排，组织学生参加实习实训活动，并在学生顶岗实习期间，与实习单位共同做好学生的教育和管理工作。

三、中职班主任的专业能力

随着时代的发展和职业教育课程改革的广泛深入，社会和家长对班主任的专业能力要求越来越高，中职班主任的专业能力也逐步成为教育者研究的对象。中职班主任应把握时代脉搏，顺应教育发展的趋势，以优良的教育质量为目标，实现班级每一个学生的优质发展。面对新的教育理念，中职班主任应追求职业理想，提升专业素养，走专业化发展道路，这既是社会赋予我们的神圣使命和责任，也是摆在每位教育工作者面前的一个崭新课题。

中职班主任应具备以下能力。

班级建设领导力：①班级发展规划；②主题班会召开；③班干部队伍建设。

指导个体发展引领力：①体格健美；②心智健全；③情智健康。

文化育人引导力：①班级文化建设；②专业文化引导；③企业文化对接。

家校共育协同力：①沟通的能力；②影响的能力；③整合的能力。

应急处理协调力：①稳定的能力；②分析的能力；③平衡的能力。

技术育人创新力：①信息化育人能力；②政策导向育人能力；③科技设备育人能力。

第二章　中职班主任班级建设方略

第一节　班干部队伍建设

　　班级是学校的基本细胞，要把班级建设成一个积极向上、团结友爱的班集体，仅仅依靠班主任的力量是不够的，必须要有一批优秀的班干部。班干部是在班主任的组织下，通过一定形式产生的为全体同学服务的骨干成员。班主任要使用班干部，更要培养班干部。加强班干部队伍建设，是班主任的重要工作任务。

一、班干部的角色定位

(一)班干部基本角色定位

　　作为班主任，要时刻提醒班干部明确自己的基本角色定位，做与自己角色相适应的事。只有这样，才能在得到同学们信任的同时，锻炼自己的能力，实现更快成长。

　　1. 同学们的"服务员"

　　班干部不是以工作为先，而是以学习为先，同时兼任一部分班内工作。班干部工作是义务劳动，没有任何报酬，所以，班干部不是一种职业，而是一种学习岗位。由于班干部没有经过专业训练，是在学中做、做中学，因此，他们的角色定位首先应该是全体同学的"服务员"，这种定位就要求班干部必须牢记以下四点。

　　(1)班干部是优秀学生的代表

　　这是建立威信的第一步。班干部要以上率下，凡是要求同学做到的，自己要率先做到。只有在班内众多的学生中脱颖而出，才有资格当班干部，这也是最基本的要求。

　　(2)班干部要力求上进

　　上进心是进步的动力。班主任要提醒班干部，时刻告诫自己"我是班干部""我要做最好的自己"。班干部明确了自己的目标，就要无怨无悔地对自身"高标准，严要求"。

（3）班干部要有"空杯心态"

班干部是学生中的佼佼者，尽管相对于普通同学来讲，在学习态度、组织能力等方面表现突出，但由于其心智并不成熟，仍有很多不足之处。班干部毕竟经历的事还很少，即使有经历也未必成为经验，把微不足道的一点体会当作资本，不利于班干部的成长。班干部要谦虚，戒骄戒躁，只有学习并实践，才会变得越来越优秀。

（4）班干部要有为集体服务的意识

班干部做得最不成功的莫过于游离于集体之外，把自己当成"官儿"，打官腔、摆官架、显官形、带官样。班级管理是学生自我管理、相互促进的过程，应注重群众性，强化参与意识，提高整体素质，增强青春活力，提倡集体主义，而不是自由主义和个人英雄主义。

2. 班级管理工作的骨干

骨干是指在团体中起主要作用的人。班干部是班级中积极进取、学习表现比较优秀、活动能力较强的学生，他们的骨干作用体现在以下四个方面。

（1）组织领导作用

班干部是班级各项工作的领导者和组织者。他们在班主任的带领下，以身体好、学习好、工作好、成长好为目标，以学习为中心，以提高综合素质为重点，根据学校的有关工作要求和本班学生特点制订工作计划，生动活泼地开展思想性、教育性、知识性较强的活动，带领学生争先创优，全面提高思想政治素质、专业文化素质、身体素质和心理素质。管理就是服务，从某种意义上来说，班主任应该成为班干部的助手，这样才能充分体现学生的自主性，同时给班干部提供足够的发挥自己才华的空间。

（2）榜样示范作用

班干部是通过同学、班主任推荐或自荐产生的。班干部虽然担任一定的职务，但身为学生，其威信不是通过职务和权力，而是通过自己的模范带头作用和良好的形象树立的。

（3）"三自一助"作用

"三自一助"是指班级学生组织开展自我教育、自我管理和自我服务活动，在学校教育管理中充分发挥助手作用。班干部是学生，与其他学生朝夕相处，最了解学生们真实的思想和表现、具体的疾苦和困难、迫切的要求和心愿。班主任的教育工作要取得较好的效果，往往离不开班干部的帮助和支持，因为班主任无论怎样与学生打成一片，都难以全面、彻底地了解学生的实际情况。班主任要更有针对性地做好学生工作，及时为学生排忧解难，充分满足学生的合理要求和心愿，必然需要班干部提供学生们的真实情况，从而及时发现、及时处理学生存在的问题，把问题扼杀在萌芽状态。"三自一助"表明，班干部是学校教育管理系统中的重要角色，其重要作用决定了他们在学校教育管理系统中的骨干地位。

(4)桥梁纽带作用

班干部的桥梁纽带作用是指班干部通过一定的途径，把学校的有关政策、要求和信息及班主任的指示和要求传递给同学们。同时，又将同学中的问题、意见和建议向学校和班主任反馈。班干部是学校班主任及各位老师与学生的桥梁和纽带，起着上情下达和下情上传的作用。班干部经常与学校有关部门的领导和老师接触，比较了解学校的各项工作部署及其他信息，发挥着及时向同学们传递上级领导和学校的意图，并组织同学们贯彻执行的作用。同时，他们又将班内学生的思想、学习、生活状况和意见、要求、建议，及时向学校有关领导及其职能部门反映，为学校领导和老师正确决策和改进学校教育管理工作提供有效信息。

(二)班干部的角色误区

有些班干部在工作过程中，不会处理工作与学习的关系，不善于处理人与人之间的关系，不自觉地陷入了角色误区。因此，班主任要教育引导班干部成功地扮演好自身的角色，充分、正确地认识班干部的角色误区，自觉地远离误区，做品学兼优的班干部。班干部的角色误区主要表现在以下几个方面。

1. 不分主次

班干部具有学生和干部双重角色，但首先应成为一个好学生，将主要精力投入学习，圆满地完成学业，努力从多方面提高自己，其次才是当一个优秀的班干部。也就是说，在争当优秀学生的前提下当好班干部，做好自己承担的社会工作。但是，在现实中，有的班干部却不能正确认识和处理学习和工作的关系，不分主次，把学习放在次要位置，导致学习成绩下滑，个别班干部甚至因学习成绩不及格而留级或退学。造成这种现象的原因，一是认识错误。有的班干部错误地认为，职业教育不再是应试教育，应该强调素质教育，因而应把主要精力放在提高自己的工作能力上，学习只求过得去就行了。殊不知，"只求过得去"的学习目标必然降低学习的积极性，学习动力大大减弱，导致学习成绩"过不去"的后果。二是行为错误，认识的错误必然导致行为的错误。有的班干部把业余兼职的干部工作当成专职任务，成天忙于班内工作，上课不专心，复习不认真。有的甚至以班内工作忙为借口而随便缺课或者不上自习，学习成绩越来越差。有的班干部为了考试过关，不惜冒风险，在考场上寻求"捷径"，违纪作弊，其结果是身败名裂。这虽然是极个别的现象，却是极深刻的教训，值得引以为戒。

2. 缺乏主动性

有些班干部在工作过程中被动、消极，他们从来不主动开展工作，总是推拖；他们从来不积极策划活动，总是听从别人的安排；他们的工作从来不创新，总是因循守旧；他们从来不做具有挑战性的工作，总是拈轻怕重。从表面看，他们并没有完全忘记自己是班干部，也没有忘记自己的职责，只是他们对待工作的态度有问题。正因为他们对待工作的态度不积极、不主动、不热情，所以在工作过程中才会消极、被动。

并不是每一位学生都有当班干部的机会，既然当了班干部，就要抓住这个机会，积极而努力地工作，在工作过程中充分发挥自己的才能。

班干部岗位是锻炼、提高、充实、完善学生的舞台，这只是从一般意义上讲的。被动、消极工作是达不到预期目的和效果的，只有积极努力地工作，才能达到预期的目的和效果。因此，班干部要时刻提醒自己，一定要积极努力地工作。

3. 滥用"职权"

班干部的宗旨是全心全意地为同学服务，当好班主任的助手。但是，有的班干部缺乏宗旨意识，个人意识太强，把班干部岗位当作抬高身价的"梯子"。

有些人把班干部的职务作为抬高个人身价的"梯子"，利用职权为小团体和个人谋取私利。例如，有的班干部在主持检查评选工作中，不重条件，尽力为本人及比较亲近的同学争荣誉；有的班干部利用掌管集体经费的权力，滥用、挪用甚至贪污班级公款，图名好利，严重违背了班干部的宗旨。班干部如果步入这种误区，肯定得不到大家的拥护和欢迎，从长远看，也很难确立正确的世界观、人生观、价值观，甚至会误入歧途。

4. 执纪不公

班干部担负着执行纪律的责任，如上课考勤等。班干部本应秉公办事，对班内同学一视同仁，只有这样，才能服众，才能维护纪律，搞好班级管理工作。但有的班干部在执行纪律的过程中，不能公正执纪，看人说话，对与自己关系亲近同学的违纪行为采取宽容、包庇的态度，而对与自己关系疏远的同学的违纪行为坚持原则，严格执行纪律。这样，必然导致同学之间的矛盾和冲突，也影响自身的威信。

用纪律做交易，用自己手中的权力放纵好友的错误，获得好友的好感，这样做实质上不是真正关心和帮助好友，也不是真正的友谊，而是个人私欲的表现。班干部如果步入这一误区，必定给自己的工作设置障碍，导致人际矛盾和冲突加剧，规章制度无法正常执行，各项工作运转困难，自己的角色形象暗淡，角色威信下降，还会导致集体风气不正、士气低迷、怨气高涨。这一误区负面影响较大，因此，班主任要提醒班干部一定要办事公道、正派。

5. 推卸责任

做工作、干事情、搞活动难免会遇到困难、遭受挫折，也难免会出现失误，发生错误，甚至失败。有的班干部面对挫折、错误、失败就退缩，不敢承担责任，不敢承认错误，而是推卸责任，这是极其错误的。

导致这种现象的原因，一是缺乏工作责任感。不敢负责任的干部就是缺乏责任心的干部，缺乏责任心难以担当重任，也无法得到老师和同学们的信任。二是规避困难和矛盾。工作中充满着矛盾和斗争，不能遇到困难和矛盾就逃避。工作中的困难和矛盾无法避免，上推下卸是一种消极的态度。因此，正视困难和矛盾，积极研究解决困难和矛盾的对策，才是班干部应有的正确态度。

6. 虚报浮夸

班干部是社会工作的学习者和实践者，应培养求真务实的工作作风，只有真抓实干，才能有真才实学。有的班干部在工作中效仿官僚主义的做法，只动口，不动手，不干实事，而汇报工作时，光靠嘴上功夫，以虚无的"政绩"欺骗班主任，这是一种不良的工作作风，这种工作作风既害人又害己，历史教训极其深刻。

导致这种现象的原因，一是懒惰。干实事总要付出艰辛的劳动，会牺牲很多休息时间。惰性占主导的班干部是只动口不动手的"小官僚"。班干部如果只当指挥员，不当战斗员，是无法获得认可的。只有克服惰性，做到勤动脑，勤动嘴，勤动手，勤动腿，才能掌握做社会工作的本领。二是虚荣心作怪。有的班干部工作没有成绩，但又怕挨批评，还希望得到肯定，于是只有依赖虚报浮夸，骗取别人肯定的评价。三是思想作风不端正。有的班干部受了"不说假话办不成大事"这种思想意识的影响，不干实事，说假话，虚报浮夸，欺上瞒下，这样的思想作风是极其要不得的。如果不端正思想作风，不干实事，总是虚报浮夸，违背客观规律，既做不好事，更做不好人。这样发展下去，将对班级工作将造成很大的损失，因此，班干部一定要远离这个误区，注意培养真抓实干、实事求是的思想作风。

7. 原则不足

班干部是学生的主心骨，班干部的言行对学生的言行产生直接影响。有的班干部明知不对，由于怕得罪同学，也不敢坚持原则，不敢扶正压邪，采取听而不闻、视而不见的态度。长此以往，这种班干部就会失去同学们的支持，甚至会遭到同学们的嘲笑和轻视。

8. 拉帮结派

团结是班干部做好工作的前提和保证。班干部的工作要获得较好的成效，必须团结一切可以团结的人，特别要团结和自己意见不同的同学，增强集体的凝聚力和向心力，营造良好的人际氛围。只有这样，班干部的工作才会得到大家的支持，工作才会富有成效。但是，有的班干部不注意搞好班内团结，一味搞小团体、小帮派，使得人心涣散，工作无法正常开展，造成集体内部分裂，甚至歪风邪气盛行。这样的育人环境不利于学生的身心健康发展，不利于学生良好品德的形成和发展，也不利于学生潜心地学习钻研文化知识。因此，不讲团结、拉帮结派是班干部的大忌。

9. 缺乏合作

合作是两个或两个以上的个人或群体，为实现共同目标而在某项活动中联合协作的行为。合作之所以能够产生力量，原因有四个。一是合作可以树立成功的信心。由于双方利益一致，成员在活动中感到安全，降低了对失败的恐惧，增强了成功的信心。

二是合作过程中易产生有效的信息沟通。成员考虑的都是"如何解决问题"，无心理障碍，可以坦诚地进行大量的、有效的信息交流。三是合作过程中能够得到肯定性的情绪体验，成员间相互信任、接受、支持和喜爱。四是在合作过程中经常得到奖励，行动也因此得到正面诱导。

有些班干部喜欢"单打独斗""孤军奋战"，他们认为自己完全有能力、有水平单独完成工作任务。也许你是一个"天才"，凭着自己的努力，有可能获得一定的成功，但如果懂得与别人合作，集思广益，则会获得更大的成功。任何一项工作都要注重合作，发挥集体的优势，唯有这样，才能提高工作效率，获得更大的成功。

无论你是班长还是值日组长，只要你是班干部，就必须注重合作，既要配合别人的工作，又要赢得别人来配合自己的工作。只有班干部之间互相补台而不拆台，班级工作才会有声有色、朝气蓬勃。

10. 不拘小节

班干部在政治思想、学习生活等方面的表现，对同学们的影响较大。但是，有的班干部却不太注重自我修养，也不注意树立班干部的"榜样"作用，表现在不分时间、地点、场合与对象，而凭想象乱发议论，乱传小道消息，不负责任地乱说；上课迟到、早退、旷课；不爱整洁，不遵守寝室纪律；言谈举止不文明，说脏话，乱扔乱倒垃圾；自私、狭隘、办事不公道等，这些不良行为必然会影响班干部的形象，在同学中产生消极影响。班干部的不良行为造成负面影响，无形中助长了歪风邪气的蔓延，这不利于良好的学风、班风和校风建设。因此，班干部应以角色规范严于律己，规范自己的言行，加强自身的道德修养，时时处处以身作则，起好模范带头作用，展示自己良好的角色形象，做一个名副其实的班干部。

(三)避免角色误区的方法

正确的角色定位是对班干部的基本素质要求，但一般学生走上班干部工作岗位时，并不一定完全具备这些素质，也难免犯这样或那样的错误。因此，班主任要提醒班干部从以下四个方面入手，避免进入角色误区。

1. 经常进行自我反省

自我反省是指自己给自己找毛病、找问题、找错误，就是自我检查、自我改正错误。古人非常重视自我反省，从古到今，自我反省是一种行之有效的自我修养方法，《论语》中就多处强调自我反省(内省)的重要性及其方法。明代思想家王阳明总结出内省、自讼、思过等修养方法，在《传习录》中提出"省察克治"的修养功夫。鲁迅先生曾经说过，他的确时时解剖别人，然而更多的是更无情地解剖自己。

众所周知，人的素质主要是依靠后天环境和教育影响而形成的，先天遗传只是为形成某种品质提供身体基础和心理基础，政治素质、道德素质、知识素质、能力素质、心理素质的形成皆是后天环境与教育影响的结果。在内化过程中，自身起着关键作用，是否主动接受影响，选择接受什么影响等将直接影响内化结果，其关键因素完全在于人们自身。因此，苏联著名教育家苏霍姆林斯基曾经非常深刻地指出，只有进行自我教育的教育才是真正的教育。

作为班主任，要时刻提醒班干部学会自我反省。班干部不仅要反省自己的政治素质、道德素质等是否符合社会道德规范，自己的行为是否能够为他人所接受，还要时时反省自己的能力水平是否适应工作发展需要，自己的心理是否健康，自己的文化知识是否有所进步等。只有在自省的基础上，才能科学地确立自己的努力方向和奋斗方式，从而为自己的更大进步打下坚实的基础。

2. 保持积极的进取心

学习是进步的阶梯，也是提高自身素质的重要途径。随着社会的发展，学习发挥的作用越来越大。当今社会是科技高度发展的社会，是知识极其丰富的社会，因此，也是终身学习的社会。信息量的激增彻底打破了过去人们企图通过十多年的学校学习便一劳永逸的美梦，人们必须树立终身学习的信念，不断学习，才能保证自身各项素质始终适应社会发展的需求。

据有关统计，科技情报文献资料的数量每十年翻一番，其中，尖端科技文献每2~3年翻一番，每年增加1500种，论文每十年翻一番，每年增加几十万篇，各种知识令人目不暇接。德国学者哈根·拜因豪尔曾感慨，今天，一个科学家即使夜以继日地工作，也只能阅读相关专业的世界上全部出版物的5%。面对浩如烟海的知识，不加强学习，不注重终身学习，显然不可能成就出彩人生。

作为班主任，要教育班干部注重学习，要拿出比其他同学更多的时间和精力来学习，来提高自我。在学习上要注重向书本学习，同时还要注意向群众学习，向榜样学习，全面提高自身素质。

3. 积极参加实践活动

纸上得来终觉浅，绝知此事要躬行。实践出真知，实践长才干。由于工作原因，班干部要经常参加和组织各种活动，这些活动就是实践活动。班干部要积极参加工作实践，在实践中不断了解当班干部的酸甜苦辣，加深对当好班干部的重要性的认识，在实践中不断地增知识、长才干，全面提高自身素质，使自己的工作得到学校、老师的好评和班内同学的认可。

在实践中，班主任要提醒班干部注意以下三点。

（1）立足点要正确

班干部要配合学校、老师，调动学生的积极性，建立和健全各项规章制度，提高学生自我教育、自我管理、自我服务的能力，充分发挥学生的潜能，发挥学生的个性。班干部要以刻苦学习、奋发成才为中心，开展形式多样且富有成效的教育活动，在全面提高同学们综合素质的同时锻炼自己。

（2）注意改进工作方法

班干部要边干边学，勤于总结经验，"抓两头、带中间"，要善于针对不同层次、不同类型、不同年龄学生的思想特点，了解和掌握基本规律，并学会晓之以理、动之以情地开展工作，在探索中前进，在实践中提高。

（3）工作作风要端正

班干部要求真务实，密切联系同学，敢于同不良风气做斗争，充分发挥班干部的桥梁纽带作用。同时，要自觉地接受同学的监督和批评，自觉地开展批评和自我批评，不断提高自己的素质。

4. 定期参加培训考核

为了提高班干部的素质，学校和班主任还要采取措施，加强培训和考核，以提高他们的水平。学校可以根据实际情况分别采取长期和短期培训、校内和校外学习的方式，鼓励他们边工作、边学习，在实践中提高。班干部要积极参加各种短训班、讲座等，以增长见识，开阔视野，提高能力。班主任可以对他们随时进行指导，提出改进意见。同时，学校要建立完善的班干部考核制度。班干部的素质，只有在实际工作中才能体现出来。对班干部"德、能、勤、绩"等方面的考核与分析，有助于客观地评价班干部的工作，表彰先进，有效地促进班干部自我反省、自我教育。

二、班干部应具备的素质

班级工作的好坏与班干部的素质密切相关。因此，班主任要着眼于学生的未来发展需要，注重培养班干部的政治素质、道德素质、心理素质、身体素质和能力素质。

（一）班干部的政治素质

政治素质是指生活在社会中的每个人进行社会活动所必需的内在的基本条件和基本品质，这也是班干部的根本素质，因为它决定着班干部工作的大方向，班干部一定要立场坚定、是非分明。政治素质主要包括世界观、人生观、价值观。

1. 树立马克思主义科学世界观

世界观是指人们对整个世界总的、最根本的看法，是人们认识、改造世界，观察、处理问题的前提和依据。中职学生正处在人生观的探索、选择和定向阶段，因此，班干部在学校期间用何种理论作为自己的指导思想，对于人生观的形成起着重要的作用。只有掌握了科学的世界观，才能在探索、选择和定向过程中不迷失方向。马克思主义的辩证唯物主义和历史唯物主义是对自然界和社会发展规律最科学的概括和总结，班干部只有掌握和运用马克思主义世界观，才能认清社会发展的客观规律，自觉顺应历史潮流，学会从正反两方面看问题，用联系的、发展的、全面的眼光看问题、做事情，正确处理好诸如工作与学习、个人与集体之间的关系，带领同学们积极进取、全面发展。

2. 树立"我为人人，人人为我"的人生观

人生观是人们对人生目的、意义的根本看法和态度，是世界观的一部分。在职业学校学习期间，学生对新事物特别敏感，对新的理论观点容易接受，很可能同时受到几种人生观的影响。例如，有的同学受享乐主义人生观影响，追求高消费，吃、穿、用都必须是名牌，都必须上档次，够品位；受拜金主义人生观影响，迷恋"金钱第一"，成才意识淡化，糊涂地认为"学好数理化，不如有个好爸爸"，只要家中有钱，就可以买到一切东西；受实用主义人生观影响，追求"分不在高，及格就行；学不在深，作弊则灵"；还有不少中职学生以自我为中心，认为我就是"小皇帝""小太阳"，大家应该为我服务等。这些都是错误的人生观。班干部应树立正确的人生观，把"我为人人，人人为我"作为人生观的基本原则，把奉献、创造和奋斗立为终生追求的目标，全心全意为同学服务，并以自己的模范行为推动工作开展，还要学好科学文化知识，带领同学们努力学习，全面发展。

3. 树立马克思主义价值观

价值观就是人们对人生目的和实践活动认识和评价所持有的基本观点或观念。正确的人生价值标准，应当看一个人在其人生目的、人生理想指导下的行为活动的意义和行为活动的结果。班干部必须树立马克思主义价值观，把全心全意为人民服务作为评价人生价值的基本标准，努力在工作和学习中实现自己的价值。

(二)班干部的道德素质

道德是一种社会意识形态，是体现一定社会或阶级的道德原则和规范，并具有稳定性和一贯性倾向的个人道德意识和道德行为总体的根本属性。道德素质是一个综合范畴，道德素质的内容主要包括社会公德、职业道德和家庭美德。

1. 社会公德

社会公德是反映社会共同利益的社会公共生活准则，是人类社会公共生活中形成的最基本的道德规范体系。社会生活所涉及的公共利益、公共秩序等方面的行为准则，都属于社会公德的范畴。社会公德大体包括三个方面的内容：①日常生活中处理人与人关系的素质；②公共场所处理人与人关系的素质；③保护环境资源方面的素质。班干部必须做到与同学、亲友、他人相互尊重，协作互助，助人为乐，维护公共秩序、公共设施、公共卫生和公共安全，保护环境，保护野生动植物，遵纪守法，敢于同歪风邪气做斗争。

2. 职业道德

职业道德是从事一定职业的人应遵循的与其职业活动相适应的行为规范。各行各

业都有相应的职业道德规范，职业道德规定了从事一定职业的人们应当具备的思想、态度、作风和行为，以更好地待人接物、处理问题、完成工作，为社会尽职尽责。班干部必须热爱本职工作，尽到班干部职责，诚实守信，办事公道，服务同学，奉献社会。

3. 家庭美德

家庭美德是调整家庭成员之间关系的原则和规范。对班干部来说，家庭关系主要是与父母的关系和与兄弟姐妹的关系。我国历来拥有重视家庭伦理道德的优良传统，其中，尊老爱幼、孝敬父母占重要的地位。我们不仅要孝敬自己的父母，还要尊敬其他长者。家庭美德是每个学生的必备素质，也是对每个班干部的基本要求。

（三）班干部的心理素质

心理素质是指人的心理发展水平以及心理对社会生活适应能力的综合品质。心理素质健全的主要标志是心理健康，心理健康与身体健康具有密切关系。世界卫生组织对健康的定义为：健康，不但是没有身体缺陷和疾病，还要有完整的生理、心理状态和社会适应能力。健全的心理素质是一个人健康的身体素质、道德素质、能力素质的基础，没有良好的心理素质，就不可能具备较好的道德素质与能力素质。班干部必须具备良好的心理素质，心理健康主要表现为以下几个方面。

1. 具备正常的认识能力

认识是指人对事物认知与理解的心理历程，包括知觉、记忆、思维、想象、学习等。班干部应具有正常的认识能力，即要具备敏锐的感知力、较强的记忆力、良好的思维力、丰富的想象力、清晰的表达力和较强的理解力，这些能力表现在班干部的学习和工作中。

2. 具备健康的情绪

情绪是人对客观事物的态度体验，是人的心理活动的核心。良好的情绪有利于人的躯体保持健康，而不良情绪则使人心理活动失衡。健康的情绪主要指：首先，积极情绪占优势，班干部应保持乐观的情绪，这样既可使人充满活力，又可以消除学习、工作带来的疲劳和不适应；其次，要合理调节情绪，班干部凡遇到工作不顺心时会情绪低落，焦虑万分，如果不进行合理调节，就会对工作效率造成影响；最后，情绪要保持稳定，在没有特殊刺激的情况下，班干部的情绪应相对稳定，无缘无故情绪波动，喜怒无常，显然是情绪不健康的表现。

3. 具备坚强的意志

意志是推动人们采取各种行动，克服困难，达到预定目标的心理过程。意志坚强者具有较强的自觉性、果断性、顽强性和自制力，能够在实现目标的过程中机智灵活地克服困难，坦然地面对挫折；而意志薄弱者缺乏主动性，优柔寡断，害怕困难和挫折。对班干部而言，只有具备坚强的意志，在学习、工作和生活中能主动制定目标，才能百折不挠地克服困难，取得成功。

4. 具备良好的交际能力

班干部要能够正确地认识自己与老师、同学的关系，不以自我为中心，不自私自利，心中有他人，能和周围的人和谐相处，并能采取积极主动的态度与他人交往，与人为善；有一定的独立性、自主性，不依赖别人，不屈从别人，不嫉妒别人，不固执己见。班干部对人际关系处理不当会影响工作、学习和生活，影响心理健康，甚至导致各种各样的心理障碍，从而影响甚至阻碍才能的发挥和社会价值的体现。

此外，班干部的心理素质还包括健康的个性、健全的人格以及较强的心理承受能力等，只有将上述各方面因素有机地结合起来，才能构成健全、健康的心理。无论哪一方面的因素丧失，都会危及心理健康，导致心理障碍。

(四)班干部的身体素质

身体素质包括人的体质、体力和精力等方面，主要表现为力量素质、速度素质、灵敏性素质、耐力素质、柔韧性素质。身体健康是人生存和发展的物质基础。身体是工作的"资本"，班干部必须具有健康的体质、充沛的精力、坚强的意志，不怕劳累，能连续作战。不做到这一点，即使政治素质和心理素质很高，也难以充分发挥作用。因此，班干部必须了解卫生保健知识，了解体育锻炼的基本知识，掌握科学的健身方法和用脑方法，养成良好的锻炼习惯和健康的生活方式，以培养健康的身体素质。

现代医学研究和临床证明，长期坚持体育锻炼能使人体的心血管系统、呼吸系统、消化系统、免疫系统功能得到明显改善。体育健身的方法很多，由于不同年龄阶段人的体质特征不同，所采用的健身方法也有所不同。

中职学生身体处在生长发育时期，心血管系统的重要器官——心脏，还没有发育成熟，因此，在体育锻炼中应对强度大、激烈的运动加以控制，时间不要过长，应选择具有灵活性、协调性及速度性的运动项目，如跑步、游泳、篮球、乒乓球、足球、排球等。由于中职学生的骨骼与肌肉还处在生长发育中，肌纤维横径还不够粗，力量素质相对较弱，在进行器械力量锻炼时，要注意掌握好适宜的负荷，应以中、小负荷为主。

(五)班干部的能力素质

能力素质是管理学、心理学名词，也叫胜任力。能力素质是一个整体性、综合性概念，它由知识、技能等应知、应会部分和价值观、自我定位、驱动力、人格特质等情感智力部分综合而成。知识技能明显、突出并且容易衡量，但真正决定一个人的成功机会的，是隐藏的因素，它们难以捕捉，不宜测量。具体来说，一个人的能力素质体现在以下几个方面。

1. 能够自我控制

自我控制也就是自我克制，是一个人善于控制自己的情绪，对自己的言行加以约束，利用自己的理智，排除内外不良情绪的影响和干扰，利用自我免疫力修复自我的力量，恢复自信。

2. 拥有充足的自信

爱默生曾说，习惯是一个人思想和行为的领导者。休谟也曾说，习惯是人类生活最有力的向导。一旦养成了自信的习惯，班干部就可以获得积极、乐观、开放的人生观。班主任要帮助学生拥有充足的自信，鼓励学生抬头挺胸，用自己的毅力去攻坚克难，在人生的大舞台上唱好每一出戏。

3. 具有较强的组织能力

作为沟通班内同学、班主任、任课老师、学校的纽带和桥梁，又是班集体领导的核心，组织能力对于班干部来说，十分重要。班主任要鼓励班干部参加社会实践活动，在活动中锻炼自己。

三、班干部的选拔与培养

班干部选拔属于顶层设计。科学的顶层设计既可以选拔、锻炼、培养更优秀的班干部，又有利于班集体的建设和全体同学的成长和进步。

(一)班干部的组成与职责划分

由班干部组成的班委会是班集体的日常管理组织，在班主任的帮助和指导下开展工作。班委会一般设班长、纪律委员、学习委员、文艺委员、生活委员（劳动委员）和体育委员，在日常管理中，班干部各司其职，其总体要求和具体职责分述如下。

1. 总体要求

(1)抓好日常管理

实现对班级的日常管理，必须建立一支负责的、有效的班干部管理队伍，逐步实现学生的自我管理。除了采用班干部民主差额选举、定期轮换等方法外，还应以班规作为管理的工作目标和原则，以"班集体的利益为先，个人利益服从班集体利益"作为工作的动力，鼓励学生独立自主地大胆工作，发挥学生参与、从事班集体管理的潜在积极性。这样，班主任就可以从复杂的事务中解脱出来，省出更多的时间和精力研究落实日常行为规范的途径和方法。

(2)落实班规

良好的制度、纪律既是形成良好班集体的根本保证，又是衡量一个优秀班集体的主要标志之一。班级制度和纪律要以学生守则与教育目标为指导，以班级特点和学生情况为依据，在形式上，既要有具体的条文规定，又要有一般的方向性指导。班干部要时刻密切关注制度纪律的执行与遵守情况，认真贯彻落实，同时要引导学生进行自我监督和相互督促，公正无私，奖惩分明。只有这样才能保证制度落实，是非清楚，但应当慎重考虑赏罚的方式。

(3)组织班级活动

班集体的各个成员除了完成各自的学习任务外，还应当积极投身到集体的各项活动中去。一般来说，班干部应当直接参加学生活动，带领学生编辑墙报等。班干部应当根据本班同学的活动能力，给予不同程度的指导，要抱着认真负责的态度，目的明确地对待这些活动，以培养学生的责任感。对班级之间进行的比赛，班干部要给予积极关注，并且要始终和同学们在一起，同忧共喜，为集体的荣誉做出贡献，以便真正地形成学生对集体的荣誉感。

(4)关心同学

班级中每个学生都有自己不同的发展经历和特点，学习、心理、思想各方面的差异有时是显著的。忽视这种差异就不能使集体保持生机，只会单一和呆板。因此，班干部必须深入了解学生情况，建立信息档案库，以便顺利而有效地进行常规管理。这种信息档案库大致包括以下内容：学生的家庭情况、主要经历、学生的生活习性、个性特点、思想状况、历年的学习成绩及学习特点、身体发育和健康状况、获奖经历、特殊经历等。

2. 具体职责

(1)班长的职责——班中"顶梁柱"

一是及时把握班级的学习、纪律、卫生、生活等方面的情况，准确把握班级学生的思想动态，对于班级中出现的不良倾向，敢于大胆地展开工作，能真正成为良好班风、学风的带头人。

二是每周定期向班主任汇报班级情况，做好班级工作记录，多提合理建议，并协助班主任检查各项工作的落实情况。

三是每两周负责召开一次班委会，总结工作中的成绩和不足，大胆地开展批评和自我批评，并提出今后改进工作的具体意见。

四是办事公正，不徇私情，密切联系同学，加强与同学的团结，虚心接受同学们的批评和监督。

五是带领全班同学积极参加学校组织的活动，带头遵守学校的一切规章制度和学生守则。

六是加强班委会的团结，督促和帮助班委会其他干部把工作做好。

(2)纪律委员的职责——班中"小包公"

一是协助班主任、班长抓好班级全面工作，做好学生纪律方面的量化管理工作，并每天及时向班长汇报班级纪律情况。

二是具体负责班级的纪律工作。成立班级纪律小组，建立班干部轮流值日制度，写好班级的纪律记录，协助值周班干部总结班级情况，解决班级中存在的问题，做好班级纪律量化统计工作并汇报到值周班干部处。

三是负责全班同学的考勤，严格执行考勤制度，敢于负责，不徇私情，做好考勤记录。每周汇总一次，向全班公布并于每周日晚将出勤簿上报学校和班主任。

四是为人公正、公平，敢于同班级中的不良倾向做斗争，工作中既要坚持原则又要注意方法，能够团结全班同学共同创造一个良好的学习环境。

（3）学习委员的职责——班中"学习带头人"

一是树立全心全意为同学服务的思想，严格要求自己，工作上尽职尽责，学习上刻苦勤奋，成为班级良好学风的带头人。

二是负责全班的学习工作，组织好学生的民意调查工作。

三是经常与任课老师联系，注意了解和反映学生对教学方面的意见和要求。

四是全面掌握本班学生的学习动态，协助班主任做好学习常规制定和贯彻工作。组织学生按时、按质、按量完成作业，督促值日生做好学生作业的收发工作，并完成作业情况统计工作。

五是组织成立学习小组，负责检查班级学习方面的工作，并把检查结果和学习情况及时向班主任、科任老师汇报。

六是组织班级课外辅导小组、知识竞赛等活动。

（4）劳动委员的职责——班中"小蜜蜂"

一是负责学校劳动、社会劳动的组织、指挥和检查评比工作，明确学校卫生打扫的标准和检查办法，做好劳动督促工作。

二是每天早晨按照规定时间，检查班级环境卫生和教室卫生，对存在的问题及时责令值日生整改，保质保量地完成卫生清扫工作。每到大扫除时间，做好卫生工作的布置、督促、检查、验收和出勤统计工作。

三是做好班级卫生的量化管理工作，并及时将每天的卫生检查情况和卫生量化成绩向值周班干部汇报。

（5）生活委员的职责——生活"大管家"

一是树立勤勤恳恳地为同学服务的意识，做好班级生活管理工作，要注意严格要求自己，以身作则，事事起模范带头作用。

二是负责平时用餐情况的监督工作，发现有乱倒剩饭菜的情况要加以制止。

三是负责宿舍的量化管理工作，发现宿舍内部及走廊未清扫干净要加以提醒，督促、检查各宿舍的安全状况，对于宿舍中出现的问题能及时发现、整改，并向班主任汇报。

（6）文艺委员的职责——班中"明星伯乐"

一是在班主任指导下，积极配合班长，带领同学们参加学校统一组织的各项文艺活动，提高同学们的艺术修养。

二是在学校艺术节、运动会等活动中，调动全班同学的积极性和创造性。

三是积极活跃班级气氛，不定期组织同学学唱或演唱歌曲，欣赏音乐，以丰富和活跃校园文艺生活，陶冶高尚情操，开阔艺术视野，提高鉴赏水平。

四是及时发现班内的文艺人才，向学校推荐。

（7）体育委员的职责——班中"健身顾问"

一是在班主任、体育老师的指导下，全面负责班里的各项体育活动和比赛，活跃同学们的业余生活，增强体质，为将来的学习和工作奠定坚实的基础。

二是协助体育老师上好体育课，课前、课后整队，组织同学搬运器材，并做好体育课的考勤工作。

三是负责召集、带领同学们参加早操、课间操、眼保健操。

四是在田径运动会和各类体育竞赛中，组织同学们踊跃报名，并组织选拔运动员，安排好比赛期间的服务，保证运动员在比赛中高水平发挥，争创最好成绩。赛后组织讲评、总结经验、找出不足，使今后举办的各类体育活动更受同学们欢迎。

五是积极协助体育老师和学校运动队教练发现和推荐班级的体育人才。

六是根据本班具体情况及同学们的要求组织小型班内篮球赛等比赛，或与其他班级体育委员协商，在征得学校和班主任同意的情况下，组织班级之间的友谊赛。

七是负责班级参加学校活动，如集会、外出参观等的整队、带队和维持秩序等工作。

（8）心理委员的职责——班中"心理医生"

一是注重自身的心理健康，保持积极、乐观的心态。

二是以满腔的热情、真诚的态度对待每一位同学。

三是自觉学习心理知识，掌握心理方法，提高心理教育能力。

四是关注同学们的心理健康，协助班主任和心理老师开展心理活动。

五是宣传与普及心理健康知识，提供提高心理素质的途径和方法。

六是协助心理老师做好学生心理健康状况的调查，建立学生心理档案。

七是维护本班学生的心理健康，及时发现不良情况，并及时反映给班主任或心理老师。

八是注意工作方法，与同学保持良好的关系。

九是在工作中严格保守秘密。

十是完成负责的其他事务性工作。

（9）课代表的职责——班中"单科精英"

一是配合任课老师的工作，保证教学活动顺利进行。

二是成为老师的小助手，帮助老师维持纪律、收发作业本、搬送教具。

三是想方设法使同学们对该门课程感兴趣，并热情、主动、积极地帮助同学做好该门课程的预习、疑难解答、作业。

四是当好"桥梁"，把同学的困惑、建议或意见及时反馈给任课老师，把老师的想法、意图转达给学生，努力拉近师生的距离。

五是帮助该门课程学习困难的学生。

六是结合该门课程的内容，利用课余时间开展科学探究活动。

七是带头学好本门课程。

（10）小组长的职责——班中"一方主官"

一是督促全组同学遵守学校各项规章制度。

二是督促全组同学认真学习，积极参加班级的各项活动。

三是按时收缴本组学生的作业本，并将未交作业的情况告知课代表。

四是及时向班长或班主任汇报本组同学的学习、生活、思想等情况。

五是在小组内积极开展丰富多彩的活动。

六是维护本组同学利益，关心、爱护本组同学，与本组同学融洽相处。

七是以身作则，带头遵守纪律，维护班集体荣誉。

（二）班干部的选拔方式

创造机会，让班干部参与管理是对学生进行自我教育、自我管理的良好形式。班干部产生的形式是多种多样的，归纳起来大致有以下几种。

1. 班主任委任制

班主任委任制也可以称为"伯乐相马"制，即由班主任直接指定班内几名学生担任班干部。这种方式是最常见的，特别是在低年级或者新班组建时，这种现象更为普遍。这种方式的优点在于，班主任的意图能得到充分体现，有利于确定班主任在班集体中的权威地位，有利于班集体活动计划的落实。但是这种方式缺点也很明显，没有被选中的同学就没有锻炼机会。

2. 民主选举制

班主任利用班会时间组织学生进行民主选举。首先，学生自由报名，采取自荐、他人推荐或者原任班委推荐等形式；其次，候选人发表竞选演说，谈谈对这次选举的想法和愿望；再次，由学生主持选举，完成写票、投票、唱票、监票等工作；最后，选举揭晓后，当选的干部即兴发言。

3. 自由竞争制

这种方式是首先由班主任公布班干部候选人的资格、条件和竞选的具体要求与安排；然后由学生根据自身条件，对照要求拟定好讲演稿，内容是自己的设想、打算以及个人兴趣、爱好等；接着召开演讲大会，候选者一一登台演讲；最后候选人进行辩论，辩论得胜者当选。自由竞争制度创设了自由平等竞争的气氛，能够充分调动学生"参政议政"的积极性，有助于避免班主任的主观主义和包办代替的现象，使各种人才脱颖而出。自由竞争制的缺点在于，岗位人数有限制，竞选失败的同学就丧失了锻炼机会。

4. 合作竞争制

这种方式与自由竞争方式不同，合作竞争制开始时不淘汰，即有几个人报名同一个岗位，则同时入选，直接上任，轮流"执政"。

5. 定期轮换制

这种方式是通过民主选举制或自由竞争制和民主选举制相结合的方法选出每一届班委会，然后定期(一个月或一个半月)改选班委会组成人员，原班委人员可有一人不动，带领新成员。在学习的几年中，全班学生都有机会在班上任职。这种方式的优点在于每个学生在其任职期间都能把自己的力量献给集体。在工作中，学生们锻炼了自己，教育了自己，提高了自我管理和班级管理的水平，使得班集体在每一阶段的工作中，都显得生机勃勃，学生在进步，班集体也在进步。

6. 值日班长制

这种方式是每位同学轮流"当家"，负责班集体一天的日常工作。"当家人"要向全体同学提出自己一天的管理目标，进行一日的总结，有表扬有批评，对好事或问题进行评议，对问题提出解决办法，对下一任"当家人"提出希望。

这种方式让每一位学生都有锻炼的机会，让学生们自己管理自己，加强了学生的自主意识，增长了才干，增强了集体使命感和责任感，从而加快了集体前进的步伐。

总之，干部产生的方式是多种多样的，由于学生的实际情况不同，年龄不同，班级基础不同等因素，班主任可以采用灵活的方式方法来确定班干部。

当然，任何一个班集体的创建，只依靠少数几个班干部和大多数学生仅有的几次锻炼机会是不行的，还必须充分调动广大同学的积极性和创造性。为此，班主任可以采用如下措施：第一，设立"民主箱"，欢迎人人为集体提意见；第二，鼓励班干部广交朋友，了解信息；第三，鼓励班干部根据工作需要从同学中挑选小参谋、小助手。

(三)民主选举规程

班干部的选举工作，主要是指班内同学在班主任或前任班干部的主持下，民主选举班干部的工作。进行班干部选举，是体现班内民主集中制的一种重要形式，能反映同学们的个人意志，是每个同学的神圣权利，应该按照严格的选举规程，严肃、认真地组织好选举的全过程。

1. 遵循原则

根据学校的有关规定，班干部选举工作必须遵循以下原则。

（1）按期选举

由全体同学选举产生的班干部，每届任期一年或半年，具体情况视学校、班级的不同而不同。班干部任期届满应及时进行换届选举，一般情况下不得提前或推迟。如因特殊原因需要提前或延期进行换届选举，应报班主任批准。

（2）按同学们的意志选举

班内每一位同学都享有表决权、选举权和被选举权。选举要充分尊重和保障每一位同学享有民主权利，充分体现选举人的意志。作为选举人，同学们有了解候选人情况、要求改变候选人、不选举某个候选人和另选他人的权利。学校和班主任不得以任何方式强迫选举人选举或不选举任何人。

（3）按规定程序选举

选举必须按学校或班内有关规定实施，选举前要做好充分准备，不得仓促进行。候选人名单要由同学们充分酝酿讨论，并根据多数同学的意见来确定，防止由少数人说了算。选举应按照规定的程序进行，不得随意删减。

（4）按选举纪律选举

所有班内同学必须遵守选举纪律。学生必须参加选举的全部活动，有特殊情况者除外。在选举中，绝对不允许拉帮结派，不得私下拉选票，绝不允许追查选票、虚报票数以及打击报复等。对于违反选举纪律、破坏选举活动的人，必须按照情节轻重给予严肃的批评教育乃至班纪校纪处分，确保选举工作的正常进行。

2. 准备工作

班干部选举是班级活动的一件大事，只有做好充分的准备，才能保证选举的高质量。

（1）选举教育必不可少

组织同学们学习有关选举工作的规定和要求，讲明选举的意义和做法，讲明选举纪律和规程。教育同学们正确行使民主权利，积极参与选举活动。

（2）征求同学们的意见

班主任或前任班干部在选举前要向班内同学讲明本次选举的依据、准备情况和确切时间，为了公平起见，候选人名单也应当征求同学们的意见。

（3）确定候选人

候选人必须由班内同学充分酝酿讨论，其形式可以是先由班主任或前任班委会研究提名，由同学们进行酝酿讨论；也可以是先由每位同学提名，班主任或前任班委会集中所有同学的意见，经过认真酝酿后提出。候选人名单不能由班主任或前任班委会擅自决定。在酝酿和确定班干部候选人时，应充分考虑工作需要、工作能力和政治思想表现。上届班委会成员不应成为必然的候选人，必要时可以通过预选来确定候选人，候选人数应超过应选人数的20%。

（4）设计和制作选票

选票应为同一纸型，同一颜色，不得编号和做标记。候选人名单应按照姓氏笔画排序，如果候选人是经过预选产生的，也可以按预选中得票多少排序。选票可以是空白纸，但必须将候选人名单写到黑板上或大纸上。有条件的可将候选人名单抄（印）到选票上，但应留出一定的空格，供选举人另选候选人之外的人员填写。

（5）会场布置及票箱设置

选举会场布置要庄重，有条件的还可悬挂红布会标，在黑板上写明"××班班干部选举大会"，会场要设置规格适当的票箱，将票箱放在醒目位置。

3．选举程序

班干部选举工作应按规定的程序组织实施，以保证选举的规范性和有效性，其一般程序如下。

（1）宣布开会

由选举主持人（一般由班主任担任）讲明参加选举的同学人数，说明本届班委会成员总人数，本班学生应到多少人，实到多少人。参加选举的同学人数超过本班学生总人数的4/5，即为达到法定人数，可宣布进行选举。否则，选举必须改期。

（2）宣布选举办法

由选举主持人介绍学校和本班关于选举问题的规定，说明本次选举采取的方式方法（是经过差额预选，然后再进行正式选举，还是直接进行差额选举），讲清注意的事项等。

（3）候选人介绍

可由主持人逐个介绍候选人的基本情况、思想政治表现和历年来受到的班内外的奖惩情况等，也可由候选人进行自我介绍。候选人应如实回答选举人提出的有关问题，最后对候选人逐个表决通过。

（4）确定监票人、计票人

通常推选监票人和计票人各1～2名（候选人不能担任），可以在选举会上直接提名通过，也可以先由选举主持人提名，再由参加选举的同学举手表决通过。监票人的职责是受选举人的委托，对发票、投票和计票进行全程监督，并向大会宣布选举结果。计票人的职责是在监票人的监督下进行分发和计算选票。

（5）填写选票

计票人在监票人的监督下，准确地核对选举人数和选票数，使票数与人数相符，然后分发选票。选举人在填写选票时不得签署自己的姓名，只填写自己同意的候选人的名字，或是在选票的候选人名字上画出同意或不同意的符号，也可以在选票上写上候选人之外的自己想选的人的姓名及相应的符号。每张选票上所选的人数只能等于或少于应选人数，如果所选人数多于应选人数，该选票即为废票。

（6）进行投票

在全部选举人都填写完选票后，由监票人在计票人的协助下当众检查投票箱并进行封闭，然后开始投票。先由监票人和计票人投票，然后在监票人的监督下，由选举人逐个进行投票。

（7）统计票数

投票完毕，计票人在监票人的监督下，当众启封投票箱，先清点核对票数，所收回的票数等于或少于实发选票数，即为选举有效；如多于实发选票数，则选举无效。检查清理选票，如选票所选人数多于应选人数即为废票。对有效选票进行计算，赞成数超过实到有选举权人数的一半，即为当选。如超过半数以上人数大于应选人数时，则应从最高得票算起，取够应选人数为止。计票结果应向监票人报告。

（8）公布结果

由监票人当众宣布本次选举共发出、收回、有效、作废各类选票的数量，宣布本次选举是否有效；公布各候选人所得票数以及候选人名单以外各个人的得票数；说明最高票数、最低票数以及超过半数以上票数的具体情况。由大会主持人根据得票情况，宣布当选人名单。

4.后续工作

选举大会之后，要紧接着做好有关后续工作，以保持班委会工作的连续性。

（1）进行新一届班委会的工作分工

选举结束之后，新选出的班委会要立即召开第一次会议，选举或协商确定班委会各成员的工作分工。

（2）将选举和分工结果呈报班主任和学校

选举结束后，班委会要将选举结果、新选出的班委会的分工情况，及时呈报班主任和学校，以便今后工作的开展。

（3）做好落选同学的思想工作

由于实行的是差额选举，选举中必然会有落选的学生。班主任或新任班干部要及时做好落选人员的思想工作，帮他们多从自身找原因，正确看待选举，正确认识自己的不足，引导他们继续努力，再接再厉。

（4）组织班委会学习有关的班干部工作知识

班主任或班长要组织新当选的班委会学习关于本班建设的班规班纪，学习各班委的工作职责和有关办事程序，提高班委会成员的责任心和处理问题的能力，树立班委会成员良好的整体形象和集体威信，调动每个班委成员的积极性，使班委会顺利地跨出第一步，使全班成员从班委会身上看到本班发展的光明和希望。

第二节　班级活动组织

随着社会和教育的发展，我们对班级的认识也经历着一个相应的发展历程。班主任的角色定位与对班级性质的认识应该是相匹配的，班级活动作为班级功能主要的载体，在功能、形式和内容上同样需要重新定位。

一、班级活动概述

班级活动是坚持"以活动促发展"为指导思想的教育活动，活动是实现"发展"的必由之路，是学生认知、情感、行为发展的基础。教育的最终目的是实现教育对象的全面发展，而教育对象的发展，归根结底要靠它的自我作用，靠它在对象化活动中形成内在本质。教育要改变学生，就必须先让学生作为主体去活动，在活动中完成学习对象与自我的双向建构，实现自我发展。

(一)班级活动的含义

班级是教学的基本组织形式，也是对学生进行德育、智育、美育、劳动教育、体育的基层组织。班级活动是一个班级的成员参加的集体活动，是由班级统一组织的，有目的、有计划的教育活动。与课堂教学相比，班级活动内容更丰富，在以班级为组织进行全面教育时，课堂教学之外的班级活动是实现教育目标的重要途径。班级活动的目的与学校教育规定的目标一致，即促使学生内在和外在素质的提高。它涉及学生学习和生活的各方面，形式更加生动活泼，为同学们的成长提供了广阔的天地，同时也给班级带来勃勃生机。

(二)班级活动的特点

在传统班级观的影响下，班级活动的组织形式以学校大型活动为主，内容以学校规定性的为主，策划和组织也是以班主任为主。随着对班级认识的变化，班级活动的内涵需要重新调整，班级活动作为班主任的重要工作之一，也呈现出了新的特点。

1. 班级活动具有教育性

班级是学习共同体、发展共同体和生命共同体，承载着育人的功能。班级活动是班主任实现班级功能的重要渠道，是班级活力的体现，它对学生的成长和发展有着极为重要的影响。作为实践活动课程内容之一，班级活动有着广泛的教育内容，其教育意义不再局限于对学生进行单一的思想教育，也有促进学生全面健康成长的一面。班级活动的出发点不仅是基于一种社会的需求，还要基于学生的成长需要。活动目标是满足学生的成长需要，促进学生健康成长，让丰富多彩的活动成为学生的一种经历。

2. 班级活动具有整体性

教育的整体性决定了班级活动对学生产生的影响是综合的、整体的，是对学生多方面能力的培养，不是简单的拼凑，而是通过班级活动的组织和设计，进行有机组合。成功的班级活动应该具有综合教育效应，班主任应该确立班级活动正确的价值追求，认真思考班级活动与学生发展之间的内在联系，在正确的价值导向下组织班级活动，提升班级活动的功能。

3. 班级活动具有自主性

班级活动的主角是学生，不要让学生沦为活动的"道具"和"看客"，要让所有学生都参与到活动中去，收获成长的快乐。从活动主题的确定和设计，到活动的准备与实践，都应该让学生自己策划设计。只有这样，班级活动的内容才会符合学生的认知水平和心理特点，才会克服活动内容泛政治化、泛社会化的倾向，从而贴近学生的生活；只有这样，班级活动的形式才会避免空洞的说教，避免成人化、程式化的倾向，采用学生喜闻乐见的形式。因此，班主任要想办法调动每一个学生的积极性，尊重学生的兴趣、爱好，鼓励学生自主确定活动目标、活动内容和活动形式，让全班学生都投入班级活动，为学生的个性化发展创造空间。

4. 班级活动具有开放性

在社会迅速发展的今天，班级活动如果从内容到空间都不向社会生活开放，那么班级活动的教育就没有实效。因此，班级活动应该具有开放性，应与时代发展密切联系，社会的进步、时代的发展在班级活动中应得到具体体现。班级活动的开放性，一方面是指活动内容与生活实际的联系、与学生生活经验的联系。另一方面是指在活动形式上实现几个开放：一是向校内开放，兄弟班级之间，不同年级之间，通过班级联系，提高班级活动的质量；二是向家庭和社会开放，通过家校联系，使教育形成更好的合力；三是向社会开放，让学生主动参与社会实践活动，在班级活动中不断认识社会，不断认识世界。对职业院校的学生来说，主动参与社会实践活动尤其重要。

(三)班级活动的意义

班级活动是促进班级全体学生德、智、体、美、劳全面发展，提高素质的重要形式、途径和方法，它对学生思想品德、智能、身心健康、特长和能力的发展，创新意识的培养，交往能力的提升等都具有重要作用。

1. 班级活动是培养学生思想政治素质和道德素质的重要途径

教育要面向世界、面向未来、面向四个现代化，社会的建设、国家的富强、科学的进步，都需要全面发展的人才。一个合格的人才首先要具备良好的品德。教育要达到这个目标，除课堂教学这一途径外，还应针对学生的实际情况，结合实践组织各种形式的班级活动。对班干部来说，它是充分发挥创造性，及时解决班级中存在的各种问题，引导学生提高道德认识，激发道德情感，培养道德意志，形成良好道德品质的有效形式。对学生来说，班级活动也是接受思想教育的好机会。

2. 班级活动是班级建设的重要方式

经常开展富有教育意义的活动，使班级富有吸引力、凝聚力，是成为优秀班集体的必要条件。活动是班级生命力所在，活动越丰富多彩、朝气蓬勃，班级就越团结。班干部通过组织社会服务和接触社会实际、树立理想的活动，或者组织宣传文明行为规范、交通安全知识，慰问军烈属，帮助失学儿童等活动，可以拉近同学间的距离，增进团结和友谊，培养学生对集体的荣誉感和责任感。

3. 班级活动是陶冶学生审美素质和开阔学生眼界的有效形式

班级活动可以陶冶学生的情操，开拓学生的眼界。班干部组织开展班级活动，要尽量让班内每一个同学都积极参与。爱美之心，人皆有之。走出课堂，学生会发现自己身边还有那么多美好的东西，那么多从未见过的事情。班级活动不仅能提供寻找美、欣赏美的机会，更能激发学生创造美、爱护美的积极性和自觉性。

4. 班级活动促进学生技能素质、心理素质、身体素质、劳动素质的全面发展

每个学生所具备的天赋、才能、兴趣、爱好等各不相同。班级活动范围广、内容多、形式活，可以从多个方面给学生开辟发展特长、接受锻炼的新天地。事实证明，同学们在校期间所参加的各种课外活动，对他们以后选择职业，成为某一方面的人才有很大影响。

5. 班级活动与课堂教学互相促进

班级活动和课堂教学都是为了实现培养目标实施的教育活动，在教育方式、途径上有所不同，侧重点也不一样。课堂教学重视有组织的知识传授和训练，但忽视了学生的个性差异。班级活动以它的丰富、新颖、灵活，使学生得到更多的锻炼，发挥各自的才能，了解新的信息，弥补了课堂教学的不足。课堂教学又为班级活动提供指导和借鉴。实践证明，与课堂教学内容相联系、相配合的班级活动，能够有效地促进学生手脑并用能力的发展，使学生学会把课堂中学到的知识运用到实践中去。

二、班级活动中的师生角色定位

对班级性质的不同认识决定了班级活动中的师生角色定位和班级活动功能的定位。班主任在班级管理中扮演什么样的角色，履行怎样的职责，对班级的教育功能效果起着决定性的作用。班级是生命共同体、学习共同体和发展共同体，这一特性呼唤班主任在班级活动中向育人的特殊性和艺术性的角色回归，呼唤学生向主动性、生命性的角色回归。

（一）班级活动中的班主任角色

在班级活动中，班主任要自觉转变教育观念，更新教育行为，努力克服两种错误：一是"越俎代庖"，完全按照自己的意志包办一切，有明显的控制欲；二是"放任自流"，由着学生的想法开展活动。班主任要重新认识班级活动的功能，不再作为班级活动的主宰，将事先设计的活动过程简单地告诉学生，让学生按部就班地操作、表演，而是与学生共同发展，共同提升，在实践中体验，在实践中成长。班主任要成为班级活动的策划者、引导者和体验者。

1. 班主任是足智多谋的策划者

班主任要把握班级活动的内涵，有目的、有重点、有针对性地开展实践活动，引导学生正确认识人的生命，理解生活的真正意义，养成良好的行为习惯，提高思想道德修养。作为策划者，班主任的着眼点要高，立足点要低，多倾听，多留心，把社会需求、学校要求化为学生自己实践的结果，使学生在参与班级活动过程中实现集体教育和自我教育。因此，班主任一要多倾听，巧发现，寻找立足现状的真实问题；二要多留心，巧营建，捕捉有价值的活动主题；三要多思考，巧构思，谋划活动方案；四要多放手，巧组织，自主开展实践活动。班主任要结合学生的身心特点和思想状况，做好调查研究，对一学期的班级活动有总的规划，最后要对每一次活动有一个具体计划，以达到较好的教育效果。因此，如果班主任是足智多谋的策划者，定能让班级活动成为学生成长的导航仪。

2. 班主任是充满智慧的引导者

学生们在活动中往往会碰到各种困难，班主任要考虑到可能出现的"盲点"，及时为他们设置"路标"，组织交流活动共同研究，促进学生的自我教育，让学生真正获得发展。班主任引导者的角色体现在班级活动的每一个环节中。班级活动前，班主任要与学生一起讨论活动设想，以激发学生参与活动的内部动机，要及时检查每项工作的落实情况，了解学生承担任务时有何困难，同时善于化解学生的焦虑感；活动中要引导学生推进活动进程，注意发展学生的个性，及时调整方案，凸显活动主题；班级活动结束后，班主任要让学生总结活动的收获，肯定成绩，也找出差距，让活动成为学生成长过程中的一个小小台阶，以扩大教育效果。成功的班级活动往往会在学生的记忆深处留下深刻的印象，甚至让学生铭记一生，回味一生。班主任要扮演好引导者的角色，让班级活动成为锻炼学生的"运动场"，让班级永远充满生机与活力，促进学生健康发展。

3. 班主任是实实在在的体验者

一直以来，班主任总是以操纵者的身份出现在活动中，除了烦心就是操心，但如果作为活动的成员与学生一起经历全过程，将获得深切的体验，产生积极的情感，体验到生命的价值。同时，由于有了班主任的平等参与，学生的积极性会更高，活动的实效性会更强。有时，问题的综合性和复杂性超过班主任擅长的学科领域，这时就会激起班主任不断学习的动力。在共同学习、共同体验的过程中，班主任不仅锻炼了自身分析问题和解决问题的能力，磨炼了自身面对困难的韧性和意志力，增强了个人亲和力，还体验到了友谊，体验到了成功，体验到了爱与被爱。应当说，这是一种立体的、全方位的呈辐射状的体验。

（二）班级活动中的学生角色

在传统的班级活动中，班主任样样事情亲力亲为，往往筋疲力尽但收效甚微。即使下放权力，也只是给班级中少数能力较强的班干部，而大多数学生只能充当"木偶"。这样的结果是，学生缺乏班级主人的角色意识，游离于班级活动之外，既无聪明才智的展现，也无真实情感的投入，更谈不上心灵的触动。因此，只有确立学生的主人翁地位，让学生按照自己的思想进行活动，才能提高班级活动的质量，让学生体味班级生活的乐趣，满足精神需求。班主任在班级活动中可以从以下三个方面去做。

1. 敢于大胆放手，让学生成为活动的设计者

学生渴望得到别人的信任，希望在班级活动中大显身手，总愿意自己去讲一讲、演一演、做一做。班主任对学生要充分放手，充分信任，无论是主题选择、方案制定，还是组织分工、活动开展，都要让每一个学生参与设计，使学生了解班级活动的全过程，体验各种不同的角色，让每一个学生都获得不同程度的发展和提高。如果能充分发动学生共同参与到计划的制订中，不但能集思广益，使计划更切合实际、更周密、更可行，而且能增强学生的自主意识和执行计划的自觉性。制订计划前，要让学生了解学校的要求，并引导学生自己分析班级实际，全面准确地把握班情。在明确工作目标之后，要确定工作重点和主要措施，可以先让学生讨论，提建议，班主任给予适当引导，在此基础上确定最终方案。

2. 优化活动样式，让学生成为活动开展的主动者

开展班级活动，不仅要让学生从中受到教育，还要提高学生各方面的能力。学生只有通过自己组织、实施班级活动，才能有多方面的体验，提高创新意识和创新能力，从而使主体性创造人格得以完善。也只有让学生在班级活动中找到合适的角色，感受到自己是集体中不可缺少的一员，才能使他们充分施展自己的才能，贡献自己的力量。

3. 改革评价方式，让学生成为活动评价的受益者

学生是班级活动最直接的参与者，每个学生都有成功的体验或失败的教训。班主任要引导学生正确思考，使他们认识到成功既来自自己的努力，也来自他人的协助，一个人的力量是有限的，要靠大家的支持；失败并不是可怕的，我们要正视现实，鼓起勇气，寻找失败的原因，重新扬起前进的风帆。在整个班级活动过程中，班主任要

以正面评价为主，注意运用评价内容的多样化以及评价主体、评价方式的多元化来提升活动的效应，让学生成为活动评价的受益者。

在班级活动中，学生作为主体参与，唤醒和强化了学生的自我发展需要，使每个学生真正获得自我素质的完善。实践证明，在班级活动中，正确把握班主任和学生的角色，将极大地提高班级活动的效果。

三、班级活动内容与目标

班级活动，就外延而言，可分为两个系列：一个是课堂学习活动系列，如听课、自学、讨论、小组合作和实验等；另一个是班级集体活动系列。这两类活动在促进学生健康成长的过程中发挥着不可替代的作用。这里的班级活动，特指第二类活动，即在班主任指导下，有目的、有计划地为实现班级教育目标而举行的各种班级教育活动。班级活动是学生认识世界、认识自己、适应社会生活的重要途径。根据学生的成长特点和成长需要，要达到班级教育的理想效果，不仅要考虑班级活动内容的多样性、整合性和开放性，还要注意班级活动内容的时代性。

（一）班级活动的内容划分

班级活动是以班级为单位组织的教育活动，它是整个教育活动的重要组成部分。根据不同的活动内容，班级活动可以划分为不同的系列。有研究者把班级活动划分为以下六个方面。

1. 爱国爱校教育活动

爱国主义教育永远是时代的主题，是学校德育的主旋律，也是我们开展班级活动的一项重要内容。班级活动可以让学生感受到祖国的昌盛、民族的振兴和人民的伟大，可以激发学生热爱祖国、热爱家乡的情感和为中华振兴而读书的强烈愿望。同时，班级活动可以培养学生热爱母校、为校争光的思想感情。

2. 集体主义教育活动

做任何事都不能把个人利益凌驾于集体利益之上，所以对学生进行集体主义教育是十分重要的。班级活动，可以使学生强化班级观念，树立集体思想，增强班级凝聚力，促进良好班风的形成。学生在集体主义教育中，逐步学会关心他人、尊重他人。

3. 遵纪守法教育活动

遵纪守法是做好一切事情的重要保证，也是每个学生做人的基本原则。班级开展遵纪守法教育活动，可以让学生学法、懂法、守法、护法，不断丰富学生的法律知识，培养学生的法制意识，为培养合格公民打下基础。

4. 规范养成教育活动

俗话说，没有规矩，不成方圆。班级活动的开展，一方面可以使学生形成良好的思想品质和行为习惯，另一方面可以促进学生身心健康发展，养成健康的生活习惯，从而提高学生的自我教育能力。

5. 树立理想教育活动

青春期是学生人生观、价值观、世界观形成的重要时期，及时对学生进行人生观和理想教育，可以培养学生奋发向上的信念，帮助他们确立志向、增强信心、努力进取。

6. 意志能力教育活动

在一些学校或班级中除了课堂教学活动外，其他活动均被置于可有可无的地位。其实，加强学生意志能力的培养也是班级活动的重要内容。远足春游、拔河竞技等活动，都能增强学生的意志力，提高学生的生活能力和身体素质。

(二)班级活动目标的制定

班级活动目标是班级活动的出发点和归宿。制定班级活动目标不仅可以提供设计班级活动的依据，还能为班级活动的评价提供科学依据，帮助班主任评鉴和修正班级活动的过程。因此，班级活动目标不仅制约着班级活动的设计方向，还决定着班级活动的具体步骤、方法和组织形式。同时，有效班级活动目标的制定，也有利于保证班主任对班级活动全过程的自觉控制。

班级活动目标的制定一般要处理好以下四个方面的关系。

1. 针对性和整体性的关系

班级活动目标，不仅包括认知方面的目标，还包括能力、情感、过程与方法等方面的目标。而这几个方面在班级活动中不是孤立的，对学生的影响是整体性的，学生在班级活动中实现的发展也是整体性的。因此，班主任在进行目标设计时，既要考虑活动设计的针对性，又要兼顾整体性。比如，有一位班主任发现，学生通过将近一年的校园生活，在与人沟通、文明礼貌、遵守规则、集体意识等方面都有了不小的进步。在学校开展的艺术节里，学生自己排练节目，为了动作的协调，一遍又一遍地操练……学生越来越主动，对班主任的依赖越来越少。遇到困难，他们会顾全大局，主动协商，想办法解决。当然，学生的能力有差异，有的学生在问题面前就显得束手无策。于是，班主任设计了"我与艺术节共成长"班级活动课，这堂活动课的目标：一是让学生了解在群体中互相理解、互相帮助的重要性；二是促进学生产生互相友爱、热爱集体的感情；三是让学生知道遇到困难、遇到挫折要学会求助，学会协商，学会想办法。

2. 具体性和序列性的关系

每一节具体的班级活动设计，都有具体的现实背景和学生发展情况。所以每一次的班级活动都是具体的，目标更是看得见、摸得到的。作为班主任，应该把握学生的身心发展规律，针对学生在校期间同年级、不同年龄段进行整体的规划设计。任何一次活动都不是孤立的，任何一次活动的开始都是前一次活动的延续；任何一次活动的结束，都是下一次活动的开始。连点成线，积波成浪，每一次班级活动都应该在整体结构中发挥独特的作用。班主任也可以根据班级实际状况，设计一个主题，一个学期可以围绕这个主题开展一系列的活动，使主题活动开展的过程有一个宏观、长远的思路。

3. 学生立场和班主任立场的关系

班级活动强调以学生为主体。作为班级活动组织者的班主任，要看重一个个鲜活的具有潜在发展性的生命个体，并通过班级活动让学生在实践活动中实现真正的发展。因此，在班级活动目标的制定中，学生在班级活动中获得发展是我们追求的根本。但在目标的设计中，班主任还需考虑活动目标的适宜性、提供何种适宜的活动方式以及达到目标所必需的活动条件与活动资源。

4. 预设性和生成性的关系

班级活动目标只是对特定的班级活动起指导作用，大多体现班级活动主体的要求，带有相当程度的自主性和自由度。班级活动目标也是一种策略，可以由班主任根据需要加以调整、变更，具有较大的灵活性。在目标设计中，根据学生的发展现状和发展需要，既要有一定的规定性目标，又要根据班级活动灵活规划，让弹性因素进入目标设计。这样，在设计班级活动时，班主任就有了面对具体生动的活动的主动思考，就会避免在班级活动中僵硬机械地执行活动设计。

班级活动目标的制定根据不同的内容也有不同的策略。有的班主任按照不同的活动类型确立不同的具体目标。例如，文体活动目标主要是根据本班情况，结合学校组织的各项文体活动制定的。活动的目标就应由活动的主体——学生，自己讨论制定，班主任只是给予一定的指导和帮助。例如，在校艺术节中，学校推出了设计徽标、制作海报、合唱比赛等内容。有的班级的学生在班长的带领下，根据学校的活动制订了本班的计划，遵循各项活动的规则，坚持自愿报名、发挥同学特长和责任到人的原则，并制定了目标：能在各项活动中展示本班学生自信向上的精神面貌，能在各项活动中展示个人的特长，能在各项活动中为班级争光，能在各项活动中学习展示自我的技巧。

四、班级活动过程与方法

班级活动的教育性不仅体现在活动内容上，活动过程也是教育性的具体体现。班级活动的整体性通过活动内容、活动形式、活动过程、活动评价等方面的有机融合形成一个系统。就一次活动来说，只有从设计、策划、发动到实施都全身心投入的学生，才会获得真实的成长。从活动的整体看，班级活动具有指向明确、集中连贯的特点，每一个活动都是一个有机整体。活动之间也应有系统性和连贯性，在这个系统中，每一个活动的结束成为下一个活动的起点，后一个活动巩固、强化了前一个活动的教育。在这样循序渐进的过程中，班级活动的整体教育效应就会逐步得到落实。因此，班主任不仅要了解班级活动展开的基本程序、基本规律，还要关注班级活动开展过程中的资源和价值，追求班级活动过程的整体教育性。作为一个生命共同体，在班级活动过程中，班级活动具有生成性。随着活动的开展，新的问题、新的资源、新的目标会不断形成，班主任要根据新的发展需要生成新的班级活动。

(一)开展班级活动的基本步骤

1. 准备阶段

在这个阶段，班主任根据学生的发展需要，结合学生普遍关注的热点问题，或学生发展中存在的问题，和学生一起确立活动的主题，制定班级活动的目标。例如，有的班级为了帮助学生体验自己的进步和成长，确定了"在学会感恩中成长"的班级活动主题；有的班主任发现学生在上网时不注意网络文明，于是设计了"驻足虚拟空间，展现文明风采"的活动主题。

2. 筹划阶段

在这个阶段，班主任要根据确立的主题和设定的目标确定班级活动内容，收集资料，准备设备，选择活动形式，设计具体活动的组织等。班主任要尽可能地了解每一个学生的发展现状，精心预设，为班级活动的开展做好各方面的准备(大到活动方案，小到黑板的布置、音乐的选择、台词的设计等)。班级活动的方案要有名称、目的、活动准备、具体内容等，活动准备不是单纯的物质准备，也要有精神上的准备，如社会调查、收集整理资料、分小组策划、组织节目等，然后把班级活动过程详细地描述出来。

例如，针对新生入校以后，随着交往面的扩大、交往次数的增加，学生之间的矛盾和冲突越来越多的问题，有的班主任确定了"学会交往"的主题和相应目标。根据观察和分析，班主任发现学生之间产生冲突和矛盾的原因主要有两个：一是学生的个性品质、行为习惯、价值取向等存在差异；二是学生缺乏解决矛盾和冲突的方法。于是，班主任以"学会交往，以诚立身"为主题召开主题班会，借此激发学生以诚相待、友好交往的情感。教师通过组织小组讨论，让学生明确知道可以在哪些方面努力，引导同学们联系自身实际，做到知行合一。

3. 实施阶段

经过充分准备，周密策划，开始进入班级活动实施阶段。在这个过程中，班主任将根据计划开展各种形式的活动，并根据活动开展中的具体情况灵活调整活动方案，使每一个学生在活动中都能得到发展。

4. 反思阶段

活动结束时，班主任要组织学生根据亲身感受，对本次活动做出总结，对自己的表现做出客观评价。同时，作为班主任，要对活动主题的确定、内容的选择、形式的设计、活动的组织实施过程做出总结反思，以便进一步改进并为后续活动的开展提供参考。

(二)班级活动的基本原则

班级活动的主题选择、内容确定、开展方式等都会对班级活动的价值产生重要的影响。因此，在开展班级活动的过程中要坚持以下五点。

1. 活动主题体现针对性

活动的主题是班级活动的灵魂，任何一次班级活动首先必须有一个针对性强的活动主题。各个班级的实际情况不同，班级活动的教育内容也会有所不同。班主任应根据班级实际，把准学生思想和班级舆论这条脉，抓住他们议论的"热点"，选择恰当的活动主题，通过班级活动做出正确引导；同时，班主任要用心关注班级学生在学习生活中的各种现象，认真分析班级现状，抓住与学生的学习生活密切相关、为多数学生所关注的主要问题，提出带有启迪性的主题，并通过班级活动做出正确引导。通过实践活动，提高认识，加深体验，从而影响学生的行为。要纠正班级主题活动就是编排节目、表演节目的错误倾向，要以解决实际问题、做好学生的言行导向任务为宗旨。一般一次活动集中解决一个问题，活动开展中的具体内容要紧扣活动主题。

2. 活动内容体现贴近性

在活动主题确定后，活动内容的选择要贴近学生的生活。只有贴近学生生活，才会激发学生的活动兴趣，并真正对学生的日常生活产生影响。在一定意义上，选择了合适的活动内容，就是选择了发展的舞台。有一位二年级的班主任发现自己班的学生不会在小组中与同学合作，于是设计开展了一次班级主题活动。在这次主题活动中，他选择了学校的环境变化作为小组活动的内容。结果，这次班级主题活动并没有获得较好的效果，因为在各小组汇报成果时，听了几个小组的汇报后，学生都不愿意听了。因此，班级活动的内容不仅要来源于学生的生活，而且要符合学生的兴趣。其实，根据二年级学生的特点，这次主题活动可以是朗诵、讲故事、唱歌等，这样也可以增强小组的凝聚力。

3. 活动组织体现师生合作性

班级活动是学生自己的活动，因此，班主任在发挥教育主导作用的同时，不能否定学生的主体作用。学生拥有强烈的自主意识，如果只是按照班主任的要求去做，那么班级活动就失去了培养人、教育人的作用。但在班级活动中，一些班主任过于突出学生的主体地位，为了培养学生的组织能力和自主性，往往将权力下放给班干部，从班级活动的选题、内容到形式，都由学生（多为班干部）自定，很少过问。这样，虽然学生的能力得到了锻炼，班级活动的质量却难以保证，更谈不上教育人、发展人。因此，在班级活动中，班主任要充分创造条件，提供机会，让学生在承担各项工作中不断加深对自身角色的认识，让学生获得多方面的发展。学生能做的事班主任应尽量让他们自己做，但班主任"导"的作用却不能丢，假如失去班主任的"导"，那么所谓"自主"只能是放任式的自主了，这与班级活动的初衷相悖。在这个过程中，班主任要尽量让所有学生参与活动的设计和组织，如果在活动中总是那么几个"台柱子"，让大部分学生坐冷板凳，也是难以收到理想效果的。一次成功的主题活动，应当目的明确，有分工，有合作，力量分配合理，使每个人的特长得到发挥。

4. 活动形式体现生动性

心理学告诉我们，生动新奇的事物最能引起学生的注意力。在选择了适当的活动内容后，还要选择适当的活动形式，班级活动的形式一般有讨论、比赛、表演、展示等，不同的活动形式有不同的作用。班级中每一个学生都是独特的，所以，面对不同的学生，只有丰富的活动形式、新颖巧妙的活动情境，才能让每一个学生的个性得到发展，潜能得到开发。但我们也要避免另一种倾向，即过于注重形式，从而忽视学生自身的体验。成功的班级活动应该是形式与内容的协调统一。有一位班主任发现自己班上的一部分学生与父母关系相处不好，为了让学生理解父母、感恩父母，他组织全班同学去儿童福利院。通过陪伴儿童福利院的孤儿玩耍，同学们感受到这些孩子对父爱、母爱的渴望，回来后撰写了体会，与父母的关系也得到改善。

5. 活动过程强调活动性

在过去的班级活动中，班主任往往充当唯一的主体。班级活动只是班主任灌输，学生听，班主任操纵一切，主宰一切，学生只是被动接受。这使得不少学生虽然表面接受，但是行动上却是应付，内心深处是厌烦、抵触，班级活动的实效性不大。班级活动过程应该是学生真实的生命历程，学生应该在真实的实践活动中感受、体验并得到认识的提升、能力的提高、情感的升华、方法的获得……从而在新的实践活动中不断得到成长。因此，在组织班级活动的过程中，班主任要始终注意让学生在真实的活动情境中，通过感受、比较、辨别、思考与分析，达到成长的目的。

综上所述，组织好一次成功的班级活动，需要班主任从主题的选择、内容和形式的确定以及活动组织的准备等方面下功夫。

五、班级活动规划的制订与调整

班级活动规划的制订必须是在对班级充分调查研究的基础上，由班主任和学生共同展开。班级活动规划一般以一学年为周期，一般来说，其制订要以学校教育活动计划、班级自身建设需要以及学生的年龄特点和发展需要为依据。

(一)班级活动规划制订依据

1.依据未来社会对新一代的素质要求

教育的本质在于立德树人，班级活动也是为立德树人服务的。我们需要明确，我们要"树"的"人"应该是能够适应当今和未来社会生活的人，而不是仅仅满足于适应校园生活的"人"。这就要求我们在进行班级活动规划时，在认知能力、道德品性、人格特征等方面的培养上都考虑两个相反的指向：一是个体指向外部世界的相互作用；二是个体指向内部精神世界的自我建构。

2.依据班级情况分析和班级建设的需要

班级发展状态是直接影响学生生命成长的关键性因素。因此，在规划班级活动之前，班主任必须静下心来分析班级的发展状态。出现了哪些新的问题，取得了哪些新的进步，甚至包括就本年级学生存在的共性问题思考其出现的根源，做出正确的诊断，根据问题设计自己班级整体的活动，并在系列活动中不断地根据学生的状态调整自己的方案。这样，班级活动才会在动态中不断前进，才会在前进中出现新的推动下阶段工作的资源。同时，学校发展规划是相当一段时期以内学校建设的总蓝图。班主任在规划班级活动时应主动与学校德育活动相融合，体现班级活动的系统性和独特性。

3.依据班级学生年龄和发展需要

著名美国心理学家马斯洛的人类需要层级理论指出，人类有五种基本需要，依次为生理需要、安全需要、爱与归属的需要、尊重需要和自我实现需要。如果生理需要不能获得必要的满足，则无法去追求或关注其他的需要。在各种需要逐次获得满足的过程中，个人的天赋才能得以激发，自我理想与抱负才能终获实现。因此，班级活动的规划要从了解学生的年龄特征、成长需要着手。在了解学生的基本需要之外，更重要的是确定学生是班级活动的主体，教育的对象是一个个活生生的人，让拥有个性特征的学生参与到班级活动的规划过程中去，尊重个体在活动中的发展，这样才能让设计出来的班级活动真正促进学生发展。学生在不同的年龄段有不同的群体特征，有不同的发展需要，班主任要站在生命的高度整体把握。

(二)班级活动规划要素

班主任在制订班级活动规划的时候就要梳理对一段时间内班级活动的认识，然后生成总的活动主题，以及对活动开展以后，学生和班级发展状态理想愿景的描述。规划的达成必须依赖系列活动的推进，因此，在总主题产生以后，应该细化为若干分主题，并预先想好相应弹性化的活动方案，如采取怎样的活动形式，以及活动效果的评价、活动正常进行的保障等。具体来说，一份完整的班级活动规划大致包括以下六个要素。

1.班级情况分析

分析班级的自然状况和发展状况，从活动的视角审视学生的优势和不足，根据学生的年龄特点提出活动的实际需要和可能达到的效果。在对班级情况进行分析时，要弄清学生在以往的班级生活中已经开展了哪些活动，效果如何，从而为新的班级规划提供必要的现实支撑。

2．班级活动目标

班级活动目标可以分为总体目标和具体目标。总体目标从学生发展、班集体建设两个方面进行总体规划；具体目标可以从班风建设、品德教育、日常规范、艺体教育、科技教育、能力培养等方面进行具体设计。目标的设计要考虑学校教育活动的目标要求、学生的发展需要、班级的建设需要，实现三者的有机整合。

3．班级活动内容

要从日常活动、主题教育活动、科技教育活动、社会实践活动、艺体活动、心理健康教育活动等具体类别上加以设计，提出每一类型活动的具体次数和活动内容，形成较为科学和全面的内容框架。内容的选择要发挥学生的积极性和创造性，通过广泛的学生讨论、师生对话进行选择和确立，切忌班主任想当然、一言堂。

4．活动具体安排

针对已确定的活动内容，根据学校的统一计划和班级的具体情况，大致规划每次活动时间、地点和具体要求。明确每次具体活动的负责教师、负责班委，明确要做的具体准备工作，明确每个学生具体的活动任务，尤其要突出活动资源的开发与使用，在此基础上形成活动安排表。

5．活动组织管理

班级活动的组织与管理涉及社区、家庭、学校、相关教师和全体学生，所以对活动规划要做周密的考虑。在社区中开展的活动要明确有关单位的联系人，涉及家长的活动要事先明确告诉家长，对于教师的安排要提前请示学校和有关当事人。对于活动过程的管理要充分发挥班委会的作用，通过有效的组织建设努力实现学生的自我管理。

6．活动成果展示

活动的成果展示实质上是引导学生在活动中进行自我反思、自我评价和自主体验。活动成果展示包括每一次活动的成果展示、每一类型活动的成果展示、一学期活动成果展示等。具体的展示形式可以是经验报告会、活动小报展览、活动日记交流等，可根据具体的活动内容进行具体的设计。

(三)班级活动规划步骤

1．通过调查研究，确定学生发展需求

一份优秀的班级活动规划必须贴近学生的生活，符合学生的生存状态。因此，班主任要从对学生的调查入手，将学生成长和发展的现有状态及问题，将班级的现有状态作为工作的起点，通过调查、访谈、观察等方式，明确班级的群体特征、存在的问题，并形成对班级中学生发展状态的分布、影响因素结构的认识，认真分析班级生活对学生成长的影响，遵循学生的年龄、心理特点，从关注他们生命成长的需求出发，制订班级活动规划。

2. 发动学生共同参与制订具体班级活动规划

班级活动应以满足和提升学生的成长和发展需要为核心主题。根据中职学生存在的成长阶段性问题，班主任可以用纵向的年级系列和横向的年度系列来规划班级活动。离开了这一核心主题，班级活动就会失去教育价值的根基。

明确核心主题后，重要的是进一步研究这一核心主题以及学生在学校生活中所涉及的领域。只有明确了领域，才可能形成年度系列，进而发展为年级系列。因此，必须研究学生的成长状态、发展可能与成长需要。对班主任来说，就要真正眼睛向下，把研究学生作为选择班级活动主题的最重要的和经常性的策略，培养在学校各种情境中研究学生的习惯与能力。

班级活动的主人是学生，班级活动要发挥每一个学生的主动性，让每个学生在自主活动中培养自我教育的能力。例如，某班主任在暑期里冥思苦想，精心设计了一份班级工作规划，一开学，他就得意地在班里宣布："今年，我们要搞许多有意义的班级活动，组织青年志愿者服务队……"谁知学生却无动于衷。因为这个班的学生缺乏的不是劳动观念，而是自信。他们连校运动会都不敢报名，总认为自己这不行，那不行。针对这种情况，班主任可以让学生自己重新制定目标和规划，自己创作班歌，从而激发他们敢于竞争、敢于挑战的信心，班级面貌会很快有所改变。

3. 以学生的成长需要为主线，策划各阶段的班级活动

首先，将班级活动作为促进学生成长的一个台阶，注重系列化。班级活动是一条动态的轨迹，以学生成长为主线，班主任可以从整体着眼，从小处着手，针对目标进行分阶段的系列活动，通过实事求是的评价激励，引导学生把理念落实到行动上，使他们更加健康地成长。利用素质教育社会实践，在实践中促进学生基本道德素养的养成。这种系列活动必须要考虑"天时、地利、人和"，就是根据本学期所面临的形势和各种节日、班级当前存在的问题、学生的年龄特点与认知行为水平以及学生关注的热点话题来开展有利于学生成长的班级活动。

其次，将班级活动作为促进学生成长的一个平台，注意整体化。要以学生成长为主线，从个体出发，求集体发展，努力扩展活动的辐射度，提高活动的有效度。要顾及生命整体的各个层次与方面，使教育成为对整个人的健全教育，而不是只关注某一方面发展的畸形的教育，这是教育取得真实成效的基本保证。班级活动不仅是解决问题的钥匙，更是学生成长的平台，使他们知道做人与做学问的道理，树立正确的人生观和价值观。组织班级活动，不仅要让个体进步，更要让整个集体得到成长，要让学生在活动中关注社会，获得亲身参与实践的积极体验和丰富经验，培养对自然的关爱

和对社会、对自我的责任感，并能主动发现问题，独立解决问题，养成自主、合作、分享、积极进取、诚信等良好的个性品质。

(四)班级活动规划的调整

任何一个班级活动都是"策划"与"生成"的矛盾统一体，不能简单地认为有了一个精心策划的活动方案，活动就一定能取得成功。精心规划形成的活动方案，并非写出师生参与活动过程中要说的每一句话，要做的每一件事，而应该是一个弹性化的活动规划。要为学生的主动参与留出时间与空间，为活动过程的动态生成创设条件。因为在活动进行阶段，常常会发生一些策划时没有预见的困难、问题、干扰，甚至是与预计效果相反的负效应。这就要求指导者能敏锐地捕捉活动的反馈信息，使它们生成新的教育资源，灵活机智地予以引导和处理，适时修改原先的活动规划，展现班级活动的真实性。只有这样，才能促进班级活动水平不断提高。

六、班级活动方案的设计

班级活动方案是具体活动的规划与安排，是在活动之初预先拟定的活动内容与步骤，主要由活动标题、活动目标、活动时间、活动地点和人员、活动内容和形式、活动步骤及活动准备等构成。为了眉目清楚，方案的正文一般都分条分项地写，重要的方案还要在正文后面说明执行方案的起始日期。目标、措施、步骤是构成方案的"三要素"，是方案的核心。这部分一定要写清楚"为什么做"(目标)、"做什么"(措施)、"怎么做"(步骤)。

(一)班级活动方案的构成

1. 活动标题

活动标题是对活动内容的实质性反映。撰写方案之初，必须首先确定活动标题。好的活动标题，首先要充满学生的成长气息，如"中职学生，同样可以出彩"；其次要反映活动的主题，如"学会沟通，快乐一生"；最后，要简练、醒目、易记。

2. 活动目标

指导者在组织班级活动时，应先明确活动的具体目标，使学生明确开展该活动所要达到的效果。活动目标，是制订方案和评价活动的依据。每一项活动都有具体明确的活动目标，但不要用"认知""情感""操作"等心理学的分类标准来划分活动目标，而应围绕对学生现状的分析和对活动的理解做综合的、学生发展意义上的目标表述。

3. 活动时间、地点、人员

班级活动的基本构成要素是时间、地点和人员。班级活动一般以班级或小组为单位，班主任应根据班级学生特点、知识水平、学校总体安排及教学日历等确定时间、地点和人员构成。

4．活动内容与形式

无论组织什么活动，班主任都应该根据活动内容选择那些最能达到活动目标的活动形式，以达到最佳的活动效果。选择理想的班级活动形式的依据主要有四点：一是活动内容；二是现实条件；三是本班学生的年龄特点和其他实际情况；四是班主任自身的特长和优势。

5．活动步骤

在活动实施的过程中，每一步都要有目的、规划，预测可能出现的问题及解决方法，并指明注意事项，以引起学生注意。特别是校外的活动，应做好一切应急准备，确保学生的安全。

6．活动准备

必须对开展活动的场地、所用器材及工具设备做周密考虑，以确保活动的顺利进行。

7．活动总结与反思

反思是很好的发展方式，班级活动开展完绝不意味着结束，对活动的反思、总结是我们必须要做的。反思我们的活动，可以使活动的教育效果得以加强，使以后的活动得以优化，活动的拓展也可以使教育得以延续和深化。

班级活动的反思主要从如下三个方面进行。第一，班级活动的方案反思。班级活动结束以后，应该对此次活动的方案进行反思，主要包括活动的主题是否合理，主题提炼的深度是否得当，活动时间的安排如何，人员挑选、落实得如何，活动过程中是否对方案进行调整，进行了哪些调整，原因是什么，活动中是否还有情况是预设时没有考虑到的，活动的过程设计是否恰当，活动规划的撰写是否通俗，有没有表达有歧义的地方等。第二，班级活动的过程反思。对班级活动的过程反思，主要是活动是否按预设顺利进行，如果没有，原因是什么；方案中的每项活动，与实际开展是否有差异，如果有，原因是什么；活动中存在哪些困难，针对这些困难，以后该如何进行调整；有哪些活动在实施中根本就不可能开展，哪些是需要改进的等。第三，班级活动的效果反思。班级活动都需要达到一定的预期目标，在活动结束以后，必须对活动的效果予以评价。同时，在活动中还会产生意想不到的效果，有正面的，有负面的，这些都需要我们认真地总结和反思，以便在以后的班级活动中注意。

（二）活动方案的设计要求

在设计活动方案的过程中，应遵循一定的原则和要求，确保活动方案的科学性、趣味性、广泛性、教育性等。

1．明确指导思想和活动目的

活动方案的设计必须以贯彻教育目的、落实职业教育和教学任务为指导思想，发展学生的智力和体力，使其在活动中完成知识技能的形成以及身心的完善与提高。

2．发挥学生的主体性

活动的开展要发挥学生的主体性和主动性，活动的内容与形式设计更要发挥学生的积极主动性，群策群力，集思广益，听取学生的意见和建议，使他们真正成为活动的主人。

3．内容及形式的创新性

活动内容是实施教育目的的中介，当活动的内容被选定后，活动的形式对效果的影响就会很大。只有形式恰当，学生才能成为活动的主人，才能发挥其积极主动性。因此，必须根据学生的特点选取适当的活动内容和形式，以达到寓教于乐的目的。

4．活动过程的保障措施

在活动实施过程中，要明确活动程序，组织严密，领导分工明确，分析可能出现的问题并制定预防措施，以保证活动安全、如期完成。

第三节　班级文化体系建设

把班级建设成团结、健康、积极、向上的优秀班集体，不仅是班主任的责任，也是每一位班干部必须认真思考的问题。班级建设实际就是班级文化建设，班级文化是班级的灵魂，是推动班级发展的不竭动力。

一、班级文化体系建设的目标

(一)班级具有较强的凝聚力

班级凝聚力也叫内聚力，是指班级成员之间及班级对其成员的吸引力和向心力。班级凝聚力是集体心理的集中体现。

班级凝聚力强，表现为以下几个方面：班级有较强的向心力和吸引力，班级活动的出席率高；有良好的班级气氛，成员间有信息交流和情感沟通，班级民主气氛好，彼此关系和谐；班级成员有责任感，愿意承担班级任务，关心并维护班级利益和荣誉；班级成员有安全感、归属感、自豪感，表现出较强的集体主义精神；班级士气高昂。

一个班级是否具有凝聚力以及凝聚力的强弱，取决于班级本身以及它的处境。提高班级的凝聚力，可以从以下五个方面入手。

1．目标整合

班级是由不同个体组成的一个整体，整体有整体的目标，个体也有个体的目标，将两者的目标统一起来，保持一致，就称为目标整合。目标整合包括两个方面：对班级来说，总目标应该包括和满足个体的需要和愿望，使个体目标在班级内得以实现；对学生来说，个体目标必须和整体目标一致，或趋于统一。当整体目标和个体目标发生矛盾时，应以整体目标为重，修正个人目标，甚至牺牲个人目标以顾全大局。

2. 志趣相投

志趣相投是指学生在动机、理想、志向、信念、兴趣、爱好等方面基本一致。上述心理品质是个人行为的内在动力和个人积极性的源泉。志趣相投可以保证学生有相似的态度和价值观念，步调一致，可以使学生在班级中获得最大的心理满足，从而增强班级的凝聚力。

3. 心理相容

心理相容是指班级中学生与学生、学生与班级、班干部与学生、班干部之间的相互吸引、相互尊重、相互信任、相互支持、和睦相处；若不相容，则表现为相互排斥、相互猜疑、相互攻击、相互歧视。心理相容是班级团结的基础，也是实现班级目标的重要保证。心理相容可以为班级活动提供积极乐观的心理氛围，使学生保持良好的心境，有利于学生主观能动性的发挥。

4. 互补

在一个班级内，每个学生所扮演的角色不同，承担的工作任务不同，因而需要学生取长补短、互助协作。如果学生在智力、性格、气质、性别等方面形成互补，班级将会形成人才辈出、生动活泼的局面，班级的工作效率和战斗力将会大大增强，班级的凝聚力也会随之提高。

5. 善于利用外界压力

许多实验和事实都说明，当班级处于外界的压力下时，班级的凝聚力会大大提高。班干部要善于利用外界压力，多与其他班级比较、竞赛、竞争，从而提高本班的凝聚力。

(二)班级具有较强的班级意识

班级意识，也可以称为集体心理，是指存在于集体成员头脑中，并反映集体关系的共同心理与心理倾向。班级意识一旦形成，就会呈现出一些普遍的特征。

1. 认同感

认同感表现为学生对班级目标和班级规范有一致的认识，对与班级有关的重大事件和原则问题有共同的认识和评价。

2. 归属感

归属感即学生对班级在情感上的依赖，一般来说，学生对班级的认同感越强，其归属感也就越强。学生所产生的"我们同属一个班，我们是一个整体"的观念就是归属感。

3. 心理联动性

心理联动性就是学生和学生之间心理状态的相互影响、相互作用，也就是我们通常说的"心理连锁反应"，它是班级意识的重要特征。

二、班级文化体系建设的路径

班级文化是一个由核心层、中间层和外围层构成的多层次的生态系统，根据内容大致可以分为理念层、制度层、行为层、物质层。班级文化的各个层面是和谐统一、相互渗透的。

(一)班级精神文化建设

班级精神是指根据本班的性质、任务、目标、时代要求和发展方向，经过精心培养而形成的本班成员的精神风貌。

班级精神是班级文化的核心，在整个班级文化中起支配作用。班级精神以价值观念为基础，以价值目标为动力，对班级管理制度、道德风尚、团体意识和班级形象起着决定性的作用。可以说，班级精神是班级的灵魂。

为便于学生识别、记忆，并激励自己，便于对外宣传，并形成个性鲜明的班级形象，班级精神通常用一些富有哲理、简单明了的语言来表达。例如，"一切依靠学生，一切为了学生，为了一切学生，为了学生的一切"，就充分体现了以学生为本的理念；"做堂堂正正的中国人"，就充分体现了作为一个中国公民应当肩负的责任；"好好学习，天天向上"是毛泽东对学生的要求与期望，也是学校、班级的美好愿望，更是学生对自己的期待。

班级精神是本班学生的观念意识和进取心的外化。班级精神不能只是停留在口号或美丽的词句上，而是要落实在实际行动中，在实践活动中体现出来。班级精神建设必须通过本班全体学生有意识的实践活动来实现、完善。

班级精神文化建设主要围绕班级价值观建设、班级道德建设、班级舆论建设三个方面展开。

1. 班级价值观建设

所谓价值观，通俗讲是指人们关于什么是好、什么是坏，怎样为好、怎样为坏，以及向往什么、追求什么、厌恶什么、反对什么等的观念、思想、态度的总和。价值观不是人们在一时一事上的体现，而是在长期实践活动中形成的关于价值的观念体系。班级价值观是指本班学生对本班存在的意义、目的、目标的价值评价和为之追求的整体化的班级意识，是本班全体学生共同的价值准则。只有在共同的价值准则基础上才能产生班级正确的价值目标，有了正确的价值目标才会有奋力追求价值目标的行为。

46

因此，班级价值观决定着学生行为的取向。

在班级建设过程中，班主任应该对是与非、美与丑、好与坏、对与错等价值观念加以引导，让全班学生形成共同的价值观。

2. 班级道德建设

班级道德是指调整本班与其他班之间、本班学生与教师之间、本班内部学生之间关系的行为规范的总和，它是从伦理关系的角度来评价和规范学生行为的。

班级道德与法纪规范和制度规范不同，不具有那么强的强制性和约束力，但具有积极的示范效应和强烈的感染力，被学生认可和接受后具有自我约束的力量。因此，它具有更广泛的适应性，是约束班级和学生行为的重要手段。

在班级建设过程中，班主任应该对善与恶、公与私、荣与辱、诚实与虚伪等道德范畴加以引导，让全班学生形成共同的道德观和道德品质。

3. 班级舆论建设

从表面看，舆论是众人的议论，言论是众人经过信息沟通后的一种共鸣。从深层看，舆论是众人对社会事件、社会现象、社会问题、社会意识、组织及人物的意见与看法，是大多数人的共同信念。舆论是一种无形的力量，如同我们周围的大气压，虽然看不见、摸不着，但确实存在。舆论又像无数眼睛、耳朵和口舌，它时刻注视着人的行动。舆论在人们心中产生巨大的压力，从而调节、制约人们的行为，使人们的行为同大多数人一致。舆论监督每一个人，有时比法律、规章、道德等更有效力。舆论以一定的价值观念为依据，对社会现象及人的行为进行是非、对错、好坏、善恶、美丑的评价。舆论的评价可进一步影响班级和个人的行为，使得个人自觉地调整自己的行为。

班级舆论是一种无形但有力的班级精神文化，班级舆论代表了多数学生的倾向性意见。当班级舆论和个人的需要、愿望接近时，个人的观念就会得到强化，因而个人对舆论的接受和传播就积极；当班级舆论与个人的心理感受、心理倾向一致时，个人心理上的模糊状态就会被舆论唤醒，使原来的心理倾向转化为个人意见和言行；当班级舆论与个人原有的观念不一致时，如果班级舆论对个人构成强大的心理压力，个人就会想办法调整自己的行为。班级舆论一旦被学生所接受，就成为左右学生言行的无形力量。

班主任要善于用正确的班级舆论引导学生。正确、健康的班级舆论能够团结同学、鼓舞同学，能够抵制、阻止不道德言行的产生，打击歪风邪气。班主任要努力构建班级舆论环境，积极扶持、培养健康向上的班级舆论，抵制消极的班级舆论，营造积极的班级舆论氛围，提供良好的精神文化。

（二）班级制度文化建设

班级制度是班级内部的法规，是班级文化的内容之一。从班级文化的层次结构看，班级制度属中间层次，它是班级精神文化的表现形式，是班级物质文化实现的保证。班级制度对学生的行为带有强制性，本班学生必须遵守和执行。

班级制度文化建设主要围绕以下三个方面展开。

1. 学习并践行《中等职业学校学生公约》

《中等职业学校学生公约》是党和国家对学生提出的要求，对学生树立正确的理想信念，养成良好行为习惯，身心健康发展起着重要作用。《中等职业学校学生公约》从大处着眼，从小处着手，从行为习惯养成入手，提出具体的、操作性较强的要求。认真学习、落实《中等职业学校学生公约》有利于学生增强国家观念、道德观念、法制观念，懂得什么是正确的，什么是错误的，提高分辨是非、区分善恶的能力和道德选择与行为评价的能力。

班主任要组织全班学生反复学习《中等职业学校学生公约》，并通过形式多样的活动，帮助学生理解、记忆，增强遵守《中等职业学校学生公约》的意识，养成良好的行为习惯。

2. 学习并遵守学校的规章制度

学校为了正常运行，都有一套完整的规章制度，如教学制度、管理制度、作息制度等。班级是学校的组成部分，必须严格遵守学校的规章制度。本班学生是学校的学生，必须严格遵守学校关于学生管理的各项规章制度。

班主任要安排时间带领学生认真学习学校的相关制度，按照相关制度要求学生，规范学生行为，力争做到全班学生都能够按照学校的规章制度要求自己、约束自己，落实在实际行动当中。

3. 建立并落实班级制度

在学习贯彻落实《中等职业学校学生公约》和学校规章制度的同时，班主任要建立符合本班实际的规章制度。国有国法，家有家规，以法治班是班级制度文化建设的根本所在。班级是一个由几十个人组成的特殊家庭，家庭成员无法可依，必然导致凌乱无序。只有明确班级的各项规章制度，才能使大家的日常行为有法可循，有规可依，才能真正规范自己的言行。因此，班主任要在学校规章制度的基础上，建设一套切实可行的班级管理章程。

班主任带领学生制定班规，既不能大而无当，也不能统得过死，必须宽严适度，具有可行性。当然，刚开始制定的制度不一定就全部可行合理，需要在具体操作过程中不断修订。一旦形成，班规就必须成为大家共同遵守的行为准则。在执行的过程中虽然要灵活，但必须以严明为基调，通常要照章办事，否则班规将成为一纸空文，有等于无，失去其应有的效力。这就要求班规的执行者，尤其是班干部，要以身作则，说到做到，严格执行。

在执行层面，班主任可以通过制定《班级量化考核实施细则》来具体落实。《班级量化考核实施细则》可以涵盖学生在校学习期间方方面面的规定，如课堂纪律、课间规定、卫生值日、公物管理、集体活动、出勤考评、同学团结、班级贡献等，都以记分为手段，好则加分，差则减分，按周、月、学期、学年分期分段累计，表现好的进行表扬、表彰，表现差的及时批评教育，促使其尽快改掉毛病，不断进步。这种考核相对简便易行，公正有效，对班级制度文化建设起到了极佳作用。

（三）班级物质文化建设

班级物质文化建设的优劣，直接影响学生的学习效率和情绪。良好的班级物质文化建设为学生提供良好的学习氛围，也是班级激励学生的重要手段。

班级物质文化建设主要围绕班级物质环境建设、班级人文环境建设两个层面展开。

1.班级物质环境建设

班级物质环境建设主要是指本班的教室环境及各种设备、设施。教室的空间虽然不大，却是学生在校期间学习、生活、交往等活动的主要场所。整齐、干净、美观、有序的教室环境不仅可以约束学生的行为，而且会令学生心情舒畅。

班主任要带领学生精心布置本班教室，平时要注意保持，做到桌椅摆放整齐、桌面整洁、地面干净、窗户玻璃明亮、黑板洁净、各种设施设备摆放有序等。有条件的班级还可以在教室内摆放几盆鲜花。

班级物质环境还包括校园内由本班负责的责任区。本班负责的卫生区要保持清洁，本班负责的绿地要栽花、种草、植树，为绿化、美化校园做贡献。

2.班级人文环境建设

班级人文环境一般包括本班的班容、班风、班规、礼仪、道德等内容。这里所讲的班级人文环境主要是指由学生精心设计的班训、班标、班歌及精心布置的教室环境。

班主任要组织同学精心设计本班的班训、班标、班歌，让其充分体现本班的特点和理念，要精心布置教室环境，充分利用教室墙壁，"让墙壁说话"。例如，张贴、悬挂革命领袖、英雄人物、科学家、艺术家等杰出人物的画像和格言，制作、设计介绍班级成就的图片和文字，绘制、创作引导学生勤奋学习、健康生活、养成良好行为习惯的卡通人物形象，展示学生自己创作的作品等。有条件的班级可以创办手抄报、班刊，可以创办班级网页或者网站。

班主任要充分发挥学生的主体性，鼓励学生积极参与、维护和创造班级人文环境建设。班主任要组织学生充分发挥学校广播站、电视台和网络的作用，大力宣传本班，在全校范围内树立班级形象。

第三章　中职班主任专题教育

第一节　开展专题教育的背景和意义

中等职业教育是我国国民教育的重要组成部分，中职学生是我国产业大军的重要来源，中等职业学校毕业生的综合素质状况不仅影响着社会经济建设的发展，也间接影响着国家的前途和命运。从职业教育本身来说，毕业生的综合素质影响着就业的质量和稳定性，影响职业教育在社会公众心目中的形象和地位，进而影响职业教育事业的发展。因此，提高中职学生的综合素质，不仅是党和国家教育方针的要求，是各类职业学校必须实现的教育培养目标，更是经济建设和社会发展的需要，是我国构建和谐社会和全面建成小康社会的需要。在提高中职生综合素质，培养合格社会主义建设者的过程中，开展内容丰富、有针对性的专题教育是非常有效且不可或缺的。

在职业教育发展的进程中出现了一些不良现象，部分职业学校过于强调职业教育是技能教育、就业教育，没有认识到职业教育也应该是"做人的教育"和"一生的教育"。因此，从专业设置到课程安排，乃至学校各项活动，部分职业学校以能胜任某种工作岗位要求为出发点，过分强调对学生实际动手能力的训练，忽视对学生专业基础和文化修养的培养，淡化理想信念教育和爱国主义教育，放松对学生日常行为和习惯的养成教育，不重视学生的身心健康，造成部分中职在校生没有学习动力，纪律观念淡薄，行为习惯不良，学校和班级管理困难；也造成部分中职毕业生职业素养缺失，就业质量低，适应能力差，欠缺可持续发展能力。因此，开展丰富多彩的专题活动，培养中职学生的综合素质非常重要。

一、实现职业教育培养目标的需要

教育部《关于制定中等职业学校教学计划的原则意见》对中职学校的培养目标做了如下规定：中等职业学校培养与我国社会主义现代化建设要求相适应，德、智、体、美全面发展，具有综合职业能力，在生产、服务一线工作的高素质劳动者和技能型人才。他们应当热爱社会主义祖国，能够将实现自身价值与服务祖国人民结合起来；具有基本的科学文化素养、继续学习的能力和创新精神；具有良好的职业道德，掌握必要的文化基础知识、专业知识和比较熟练的职业技能，具有较强的就业能力和一定的创业能力；具有健康的身体和心理；具有基本的欣赏美和创造美的能力。

这个培养目标提出了一个合格的中职学生应达到的总体要求，并从几个方面阐述了综合素质应包含的内容：一是德育素质；二是科学文化素养、学习和创新能力；三是包括职业道德、专业知识和职业技能、就业和创业能力在内的职业能力；四是身心素质；五是审美能力。因此，要想实现中职教育的培养目标，必须通过丰富多彩的专题活动，全面提高中职学生的综合素质与能力。

二、实现职业教育德育目标的需要

为贯彻落实党的十八大和十八届三中、四中全会精神，深入贯彻习近平总书记系列重要讲话精神，进一步加强和改进新形势下中等职业学校德育工作，教育部新修订的《中等职业学校德育大纲（2014年修订）》提出了中等职业学校的德育目标是：把学生培养为爱党爱国、拥有梦想、遵纪守法、具有良好道德品质和文明行为习惯的社会主义合格公民，成为敬业爱岗、诚信友善，具有社会责任感、创新精神和实践能力的高素质劳动者和技术技能人才，成为中国特色社会主义事业合格建设者和可靠接班人。实现以上目标的载体也是多种形式的专题教育。

三、办人民满意的职业教育的需要

党的十八大报告将"努力办人民满意的教育"放在改善民生和加强社会建设的首要位置，体现了党对教育事业的重视。职业教育作为我国国民教育重要的组成部分，作为"民生工程""谋生教育"，要想做到让人民满意，一是体制要让人民满意，二是适应经济发展方式转变和产业结构调整的绩效要让人民满意，三是教育效果要让受教者满意。因此，对中职学生开展专题教育，让他们在学得一技之长的基础上全面发展，做到就业有能力、创业有本领、奋斗有后劲、发展有前景，对于办人民满意的职业教育意义重大。对于企业，他们可以通过辛勤的劳动推动企业发展进步，创造社会财富；对于自身，他们可以自食其力，体会劳动者的价值，过上有尊严的生活；对于家庭，他们可以通过就业、创业减轻家庭的负担，提高家庭生活水平，进而促进社会的和谐。做到这些，才是真正让人民满意的职业教育。

四、现代企业发展的需要

市场经济的法则是适者生存，优胜劣汰，因此，一个企业要想在激烈的市场竞争中生存发展，做大做强，拥有"人才"是关键。"人才"关系着企业在市场竞争中的胜负，决定着一个企业的发展水平。一个企业的发展，不但需要懂经营、会管理、有眼光、能创新的高级人才，也需要一大批技术过硬、善于合作、忠诚度高、纪律性强的普通员工。我们曾经对部分企业进行走访及问卷调查，结果显示：100％的企业要求毕业生有健康的身体和心理素质；92％的企业非常注重学生的工作态度、纪律观念和敬业精神；90％的企业认为毕业生要勤于思考、肯于钻研、乐于接受新技术；82％的企业要求毕业生有团队精神和合作意识；58％的企业重视学生善于学习的能力。由此可见，企业经营者认识到员工的综合素质决定着企业的效益和创新能力。因此，企业在选人时都着眼于企业的长远发展，对员工的要求不但关注学历文凭、职业资格证书等硬指标，还关注执行能力、职业操守、学习能力、团队合作、创新能力等软指标。

五、中职教育健康持续发展的需要

从国家的层面看，在我国由人力资源大国向人力资源强国迈进的历史新阶段，职业教育要想有更大的作为，就必须在巩固发展成果的基础上，狠抓教育教学质量，注重内涵发展，努力提高培养高素质劳动者和技能型人才的水平；从用人单位的角度来看，许多企业认为，个人综合能力和工作态度比学历和资历更重要，企业需要的是员工持续发展的能力，这就对职业学校毕业生的素质和能力提出了更高的要求；从职业教育自身来看，近几年，在国家大力发展职业教育的大背景下，各地中职学校抓住机遇，整合资源，调整布局，扩大规模，使得职业教育跨上了一个新的台阶。但在职业教育快速发展的同时，也隐含着毕业生就业质量不高、缺乏主动适应职业变化的能力和主动创业创新的精神与意识、继续学习的能力比较差等诸多问题。因此，职业教育要想适应社会发展，符合市场需求，实现自身的持续健康发展，就必须转变观念，深化改革，以提高学生综合素质、培养学生综合职业能力为核心，开展专题教育，提高教育教学质量和效果。

六、中职学生个人未来发展的需要

合格的中职教育，不但要教会学生谋生的本领，让他们成为自食其力的劳动者和合格的建设者，更应着眼于学生的全面发展，培养学生健全的人格和良好的职业道德，提高他们适应和服务社会的能力，锻炼他们克服困难与迎接挑战的坚强意志，塑造他们良好的合作意识和团队精神。这样，中职学生在走出校门的时候，才会有更广阔的就业渠道、更稳定的就业岗位、更强的创业能力，才会充满信心、充满潜力、充满希望，才会有可持续发展，而不是沦为"流水线上的机器人"。

七、班级管理的需要

班级开展丰富多彩的专题活动是加强班级管理、形成良好班风、建设良好班级的重要手段。开展专题活动，可以增强学生的集体观念、义务感、责任感、荣誉感及为集体服务的意识，可以形成健康积极的集体舆论和良好风气。而良好的班级精神和文化氛围，又反过来影响班级的每一名学生。因此，班主任在进行班级管理的时候，应当重视专题活动的开展，加强班级管理和班级文化建设，利用班级文化具有潜移默化性、自我教育性等特点，把教育思想、管理理念贯穿于专题活动中，提升班级管理的水平，营造良好的班级氛围。

综上所述，作为班主任，应当配合学校要求，结合班级特点，着眼班级管理，为了学生发展，经常组织开展各种专题教育活动。这是班主任的职责，也是重要的使命。

第二节　专题教育的主要内容

《中等职业学校德育大纲（2014年修订）》（以下简称《大纲》）是学校和班主任开展德育工作的基本规范，也是开展专题教育活动的指南。根据德育总目标，《大纲》制定了中职学生德育工作的具体要求。

第一，树立实现中国梦的远大理想，牢固树立中国特色社会主义道路自信、理论自信、制度自信，热爱祖国，热爱人民，热爱中国共产党，拥护党的领导。

第二，培育和践行社会主义核心价值观，勤学、修德、明辨、笃实，使社会主义核心价值观成为自己的基本遵循，内化于心，外化于行。养成科学的思想方法。

第三，养成良好的法治意识和文明行为习惯，提高道德素质和法律素质，增强公民意识，依法办事，待人友善。

第四，树立正确的职业观和职业理想，提高综合职业素质和能力，热爱劳动，崇尚实践，奉献社会。

第五，养成自尊、自信、自强、乐群的心理品质，提高心理健康水平和职业心理素质，人格健全，乐观向上。

第六，树立安全意识、环保意识、节俭意识、廉洁意识，珍爱生命，尊重自然。

根据以上目标，《大纲》以中国特色社会主义理论体系为统领，科学设置了德育各类专题教育教学的内容，这也是班主任组织开展专题活动的内容。

一、理想信念教育

理想信念教育主要包括：中国特色社会主义和中国梦教育；倡导"富强、民主、文明、和谐，自由、平等、公正、法治，爱国、敬业、诚信、友善"的社会主义核心价值观教育；马克思主义哲学教育；立足岗位、奉献社会的职业理想教育。

理想信念教育被列在首位，既是德育的核心，又是专题教育的灵魂。职业教育是我国国民教育体系和人力资源开发的重要组成部分，要实现"两个一百年"的奋斗目标和中国梦，需要培养数以亿计的高素质劳动者和技术人才。在校学习的中职学生，将在努力实现中国梦的奋斗过程中使自己成长成才，将是亲手实现和亲眼见证实现"两个一百年"的奋斗目标、实现中华民族伟大复兴中国梦的一代人。所以我们培养中职学生，不仅要使他们掌握职业发展所需要的技术技能，更要使他们树立实现中国梦的远大理想，树立中国特色社会主义的人生信念，树立社会主义的核心价值观。

二、中国精神教育

中国精神教育主要包括：以爱国主义为核心的民族精神教育；以改革创新为核心的时代精神教育；中华优秀传统文化教育；中共党史与国情教育。

实现中华民族伟大复兴的中国梦是全国各族人民的共同理想和根本利益所在，中国精神是实现中国梦的强大精神动力，也是当前意识形态领域抵御错误思潮影响的重要内容。作为职业教育工作者，让中职学生了解祖国的历史和文化，热爱自己的国家和民族，弘扬优秀的传统和道德，把握时代的脉搏和轨迹，清楚我国在建设发展中的成就和问题，学习中国共产党艰苦卓绝而又波澜壮阔的奋斗史，是我们的职责，也是我们的使命。

三、道德品行教育

道德品行教育主要包括：社会公德、职业道德、家庭美德、个人品德教育；学生日常行为规范、文明礼仪教育与训练；生命安全、艾滋病预防、毒品预防、环境保护等专题教育。

人无德不立，教育家陶行知曾经阐述过教育的真谛：千教万教教人求真，千学万学学做真人。中职学生正处在世界观、人生观、价值观形成的关键时期，要通过道德品行教育使他们具备一个公民的基本素质，恪守社会公德，遵守职业道德，践行家庭美德，养成个人品德，具备良好的行为规范和文明礼貌知识，学会自尊、自爱、自立、自强，学会抵御不良思想和行为的影响，具备公民的社会责任感。

四、法治知识教育

法治知识教育主要包括：宪法法律基础知识教育；职业纪律和岗位规范教育；校纪校规教育。

青少年法治知识教育是我国社会主义法制建设的重要内容，是普法教育的重要组成部分，也是实施依法治国和以德治国方略的重要基础。青少年时期是人生成长重要的过渡阶段，在这一时期，无论是生理还是心理，都经历着一场巨变。他们易冲动，爱感情用事，有较强的独立意识，希望根据自己的想法、兴趣去行事，但认识问题失于片面，流于表面，缺乏正确的分析判断和辨别能力。因此，青少年抵抗外部世界的干扰能力显得相当脆弱，一旦遇到外界不良因素的刺激，就容易犯罪。为培养遵纪守法的公民，对学生负责，对社会负责，职业教育工作者尤其是班主任应当加强法律知识教育，让学生知道法律是高压线，不可触碰；纪律和规则是红线，不可逾越；遵纪守法是做人的底线，不可忘记。同时也让学生在自身权益受到侵害时，能够拿起法律的武器保护自己。

五、职业生涯教育

职业生涯教育主要包括：职业精神教育；就业创业准备教育；终身学习和职业生涯可持续发展教育。

中职教育是就业教育，中职学生面临从学生到职业人的角色转变。近年来，在国家重视职业教育的大环境下，在中职学校的努力下，中职毕业生的就业率节节攀升，形势不错，但是在繁荣的背后，也隐藏着另一深层次的问题：中职学生就业的稳定性、就业质量并不高。中职学生由于人生阅历和社会经验缺乏，对自我、职业、社会的认识不够全面，因此在选择职业的时候带有很大的盲目性，在准备创业的时候缺乏自信，对未来的发展方向很迷茫。所以要进行职业生涯教育，使学生具有过硬的职业素养、良好的就业观念、终身学习的理念和能力，满足现代企业对技能型人才的要求，使中职学生学习有动力，就业有能力，发展有后劲。

六、心理健康教育

心理健康教育主要包括：心理健康基本知识和方法教育；青春期心理健康教育；职业心理素质教育；心理咨询、辅导与援助。

中职生大多在 15～18 岁，正处在身心发展的关键时期、人格的塑造和形成时期、心理及行为的不定型时期和由学校走向社会的过渡期。他们心中有青春期的敏感，以往学习经历带来的挫败感，面对未来人才市场竞争的自卑感，对今后求职择业的恐惧感，因家庭或人际关系处理不当带来的各种不良情绪。因此，为培养学生健康的心理，健全的人格，帮助他们摆脱负面情绪的困扰，开展心理健康教育尤为重要。

七、根据国家形势发展需要进行时事政策教育

中职学生不仅要有精湛的职业技能，更要有良好的思想政治素质和职业道德素养，还应该养成关心国家大事的良好习惯。对中职学生进行时事政策教育，可以让他们了解近期的国内外形势以及党和国家的方针、政策、国内外大事等内容，使他们形成正

确的认识，提高分析社会现实的能力，正确理解党和国家的方针、政策，正确认识和对待当前社会生活中存在的困难和问题，开拓国际视野，形成社会主义情感，培养爱国主义和国际主义精神，增强主人翁责任感，将个人"中国梦"的实现和人生出彩的机会与党和国家的路线方针政策、时代的机遇结合起来。

第三节　如何开展专题教育

一、开展专题教育的原则

根据《大纲》的要求，班主任在组织开展专题教育活动时要遵循以下基本原则：①方向性和时代性相结合原则，要坚持正确的政治方向和育人导向，紧密结合社会需要和时代发展的要求，增强针对性和实效性；②贴近实际、贴近生活、贴近学生原则，要遵循思想道德教育的普遍规律，尊重学生自我教育的主体性，适应学生身心成长的特点，开展富有成效的教育和引导活动，提高吸引力和感染力；③知行统一原则，要重视知识传授、观念树立，重视情感体验和行为养成，引导学生形成知行统一、言行一致的优良品质；④教育与管理相结合原则，要进行深入细致的思想教育，同时要加强科学严格的管理，增强学生接受教育的主动性，实现教育与自我教育、他律与自律、激励与约束有机结合；⑤解决思想问题与解决实际问题相结合原则，既要做到以理服人、以情感人，又要切实帮助学生解决学习、生活中遇到的实际困难和问题，增强教育的实际效果。

二、专题教育的主要形式

《大纲》要求职业学校充分发挥主导作用，与家庭、社会密切配合，拓宽德育途径，实现全员、全程、全方位育人，确定了课程教学、实训实习、学校管理、校园文化、志愿服务、职业指导、心理辅导、家庭和社会等德育途径，尤其指出，班级是学校德育工作的基层单位，班主任是组织班级管理和德育的直接实施者。班主任应结合专业特点和学生实际，充分利用家长、用人单位、行业及社区等资源，开展学生思想教育、班级管理、班级活动组织、职业指导、沟通协调工作，发挥学生的主动性和创造性，培养良好的班风、学风。

专题教育的形式多种多样，其中最常见、最容易组织也最有效的是主题班会型专题教育活动。下面我们就以主题班会型专题教育为主，大致阐述几种专题教育活动的类型和开展方式。

(一)主题班会型专题教育

1. 主题班会的作用

主题班会具有主题鲜明、目标明确、形式多样、生动活泼、务实高效等特点，具有培养能力、锻炼意志、增长知识、加深感情、进行德育等作用，各类专题教育都可以用主题班会的形式来进行，是班主任实施德育、强化班级管理、形成班级文化、达成培养目标的重要载体。好的主题班会可以达到以下几个目的。

（1）有利于班级建设

班主任的首要任务是抓好班级组织、班级文化、班级管理运行机制的建设。班主任可以通过主题班会向学生传播治班理念，灌输班级文化，渗透治班方略。在活动开展的过程中，通过与学生的交流和探讨，让学生明确班级建设目标，为学生指明努力的方向。

（2）有利于学生成长

学生是班级管理与教育的主体，通过主题班会活动，班主任可以了解他们的自我管理需求，关注他们接受教育的情绪，认可他们自主教育的风格与形式，放手大胆地让学生在教育过程中自我评价、自我矫正、自我提高，这样就可以充分发挥学生在班级教育中的主动性和积极性，启动并激活学生自主教育的动力系统。

（3）有利于构建良好的师生和生生关系

班会是活动类教育课程，它的开展就是师生、生生间双方或多方的参与和互动过程。在这一过程中，交流可以实现师生间、生生间的信息互换、思想碰撞和情感交融，对构建平等、和谐的师生、生生关系，营造班级良好的氛围，增强班级凝聚力具有积极意义。

（4）有利于增强教育效果

教育是教师对学生施加连续不断的系列化影响的过程，但同时又具有较明显的阶段性特点。因此，班主任在班会的设计上，要针对学生在不同阶段的身心特点，进行不同侧面的专题教育。比如对中职学生，刚入学可进行自信心树立的教育、学习态度的教育、重新认识自我的教育；一年级可进行专业教育和职业生涯设计、规划教育；二年级可进行就业择业教育等。这样可以从低到高、由浅入深形成完整的教育体系，增强教育效果。

2. 主题班会的基本程序

（1）确定恰当的主题

确定班会的主题，就是确定专题教育的内容和目的，确定班级活动的灵魂，一般应遵循以下几个原则。

第一，多样性原则。《大纲》确定了七种专题活动的内容，班主任可以根据学校的要求和班级实际情况灵活选择。一是可以从班级和学生的日常生活中确定主题，通过抓住生活中那些富有教育意义的典型，深入挖掘，用心设计相应的主题，如在学生中开展"我能行，我为班级添光彩"的主题活动，选拔各种班级之星，促进学生的发展，提高班级的凝聚力。二是可以根据各种节日确定主题，一年之中有许多节日、纪念日，东方、西方都有，班主任可以灵活选择。母亲节可以开展以"感恩母亲"为主题的班会；劳动节可以开展以"劳动最光荣"为主题的班会，教育学生爱劳动，并知道尊重别人的劳动成果；青年节可以开展以"爱国主义、青春闪光"为主题的班会，教育学生树立以天下为己任的社会责任感，了解中国的历史，树立爱国情怀，把握青春年华，不虚度美好时光。三是可以从时事中提取素材，确定主题。了解社会，走进社会，让学生融入社会，这是主题班会不可忽视的目的之一。班主任可以从时事中提炼有意义的话题。例如，"长征五号"火箭成功发射、"神舟十一号"飞船与"天宫二号"对接等我国航空航天事业取得最新进展时，可以顺势进行爱国主义教育、国情教育、科技教育等。

第二，针对性原则。每次主题班会都应该有明确的目的，确定要解决的问题。因此，首先要从学生的思想实际出发确立主题，要反映学生普遍存在的带有倾向性的典型思想问题。这就像治病要对症下药，只有"药方"对路，治疗效果才好。例如，中职学校部分学生学习积极性不高，认为自己基础差，底子薄，学历低，将来不可能有什么好的出路，更不会有什么突出的业绩。针对学生这种思想，班主任就应组织主题班会予以解决。其次要针对学生的年龄特征、身心特点、文化水平、接受能力、理解能力等来确定主题。

第三，计划性原则。主题班会作为学校德育工作的重要载体，在组织上要配合学校的思想政治教育总体计划，并在学校德育部门的指导下，根据学生的心理特点、知行层次、实践能力，选定教育主题，努力实现专题教育的连续性、系列化。例如，学校本年度的德育要点是开展中国精神系列教育，班主任就应当在这个专题下选择素材，组织开展一系列的爱国主义教育、时代精神教育、中华优秀传统文化教育及中共党史和国情教育等。同时班主任也应制订主题班会的总体规划，要有从入学直到毕业的完整设计，使教育能够连贯、系统，以期达到教育效果的深化和巩固。

第四，时效性原则。俗话说，趁热打铁，主题班会也要有时效性，一旦热点过去，再开展就很难收到相应的效果。因此，班主任一要紧密关注社会热点，适时对学生进行思想教育。例如，根据现在国际上的难民危机，对学生进行爱国主义教育、和平理念教育；结合秋冬季节的雾霾，对学生进行环保教育、安全健康教育等。二要紧密关注学生的学习、心理、思想、生活状况，关注整个班级的动态，发现问题及时应对，妥善解决。

第五，时代性原则。学生思想教育的内容应当随着时代的发展而变化，脱离时代，脱离社会环境，就难以收到应有的教育效果。比如现阶段的中国，时代的最强音就是要实现"两个一百年"的奋斗目标和中国梦，那么作为班主任，就应结合时代要求组织以理想信念教育为内容的主题班会，教育学生在努力实现中国梦的奋斗过程中使自己成长成才，要通过教育使他们不仅掌握职业发展所需要的技能，更要树立实现中国梦的远大理想，树立中国特色社会主义的人生信念。还有现在提倡的"工匠精神"，既是时代风尚，也契合职业教育特点，所以开展以塑造"工匠精神"为主题的班会，有利于学生的职业发展。

（2）选择合适的类型

主题班会的教育内容是多元的，组织形式是多样的，在召开的方法上是灵活的，可以是宣讲、讨论或辩论，可以是表扬与批评，也可以是竞赛等活动。在地点的选择上也不应仅仅局限在室内，可以延伸到室外、校外、社会与大自然。因此，组织一次优秀的主题班会，离不开最优化的组织表现形式，即选择合适的班会类型。根据不同的分类标准，主题班会总体上可分为以下几种类型，班主任可在实际工作中选择使用。

第一，从教育形式上看，可分为灌输教育型和活动熏陶型。正面灌输是学校德育工作的重要原则，灌输可以让正确的理念，科学的世界观、人生观、价值观在学生的头脑中扎根。我们强调灌输教育，是因为中职学生大多十五六岁，缺乏社会和人生经验，辨别是非的能力还不够，在教育中坚持灌输，可以做到先入为主。从组织形式上看，活动熏陶型班会更符合中职学生活泼好动、易接受暗示的特点。例如，组织班级专业技能竞赛，可以形成学技能、比技能的良好氛围，促使学生树立正确的学习态度，为就业打好基础；组织班级文艺晚会，可以培养学生的自信，加深学生间的感情，凝聚集体主义精神；开展"爱国主义故事演讲赛"，能让学生在对故事的联想中反思自我，陶冶爱国主义情操。

第二，从主持者身份上看，可分为教师引导型和学生自主型。班会的主角是学生，教师可以是开渠导流的引导者、平等的参与者、遥控指挥的导演者和学生自主活动的参谋者。在班会活动中，教师要根据学生的能力和活动内容的操作难易程度，确定师生的角色定位。

第三，从召开时机上看，可分为随机召开型和定期组织型。学期初、学期末、重大历史纪念日要定期召开。例如，新生入学召开"让我们走到一起来"新生互认班会，国庆节以"唱给祖国母亲的赞歌"为题召开文艺演唱会、诗歌朗诵会或演讲会，学期末召开"我的成长"总结会等。随机型班会主要是结合国内外发生的重大事件，社会、校园或班级中产生的积极或消极问题随时召开。例如，学校或班级有人违反法纪，可借此时机开展"学校纪律规章内容答辩会"。

（3）做好充分的准备

第一步，设计可行的方案。

一个完整、可行的主题班会活动方案一般应包括活动的主题、目的、时间、地点、形式、主持人与参加人、准备、步骤与操作方法、要求与注意事项、总结安排等。以上项目的设置也不是绝对的，可以依据不同的活动形式或内容进行删改调整。

设计方案基本成型后，先别急于实施。作为班主任，面对主题班会方案要多问自己或是提出方案的班干部几个问题：是否遵循了设计班级活动的原则？是否做到了内容的趣味性与教育性的结合？是否做到了内容的创新性和形式的灵活性的结合？是否做到了面向每一个学生？是否有效把握了班主任的"指导与放权"的度？是否能在规定的时间内完成对主题的提升？是否注意利用并善于利用活动中的环境、氛围、情感等因素？是否注意了学生的安全？是否对突发事件做好了预先设想？如果这些问题都考虑到了，就可以生成可实施的设计方案了。

第二步，分配相应的任务。

根据活动方案，班主任或班干部要把活动全过程向全体学生大致解说一遍，把活动涉及的人、物、事等指给有关学生，明确任务。但是，具体的活动形式和要求应该是保密的，最好不进行预演、彩排。在班会召开前，领到任务的同学根据任务悄悄进行准备，注意保密，才能真正激发学生的兴趣，才能确保活动内容是新鲜的，产生的感情是真实的，达到的教育效果是深刻的。

第三步，准备相关的文字材料。

班会就是交流，是师生间、同学间的互动过程。既然如此，就不能没有语言，并且为了确保活动成功，这种语言必须经过预先准备，最好形成书面材料，如老师、学生的发言，班会主持人的主持词等。这样学生可以在书面准备的过程中筛选知识、调整思想、形成思路、激活思维，保证活动的效果，促进能力的提升。

第四步，准备实践活动所需的器具。

活动离不开一定的物质基础。组织实践类班会，必须按照活动方案的要求，准备、检查好各种器具，这是实践类班会成败的关键。

主题班会的准备过程，也是学生受教育的过程。准备得越充分，学生受到的教育就越深刻。这样，经过会前师生的辛勤耕耘、浇灌，等到班会举行的时候，就会开花、结果。从这个意义上说，在充分准备的前提下，主题班会成功与否只是一个组织程序问题，其教育目的的实现则是水到渠成的。班会的召开与设计、准备等前期工作相比是最简单的，也是最有创意的，因为学生不仅是组织者和参与者，更重要的是活动过程的创造者，许多教师不曾想到的形式、情境和效果都可能被学生创造出来。

(4)进行灵活的实施

万事俱备后，就进入了班会的实施阶段，在此过程中，不要拘泥于方案，师生可以根据现场情况进行灵活的调整。

首先，班主任一定要与学生一起活动，这样既可以融洽师生感情，把握班会方向，掌控班会进程，又有利于发现问题及时调整。

其次，发挥学生的主体作用。主题班会的策划与实施，离不开教师的指导，但更重要的是发动学生，使学生成为班会的主人，充分发挥学生的主体作用。班主任的指导思想是通过学生的主体作用体现出来的，因此，在准备、组织召开的过程中，班主任要充分相信学生，依靠学生，指导学生，让学生既当主人又当参谋。活动过程中，要充分调动学生的兴趣和参与的积极性。例如，在活动过程中，有些同学因为胆小或者害羞造成参与热情不高，那么，班主任要及时加入，帮他们树立信心，鼓励他们积极参与。

最后，确保班主任的主导地位。在整个活动中，班主任永远不要忘记自己是这个班级活动的主导者。虽然我们要调动学生的兴趣，把班会的主动权交给学生，但是班主任绝不可以放任不管。也就是说，班主任在整个班级活动的设计和实施过程中，要有办法，有设计的具体步骤，掌控住活动的全局和进行的节奏。尤其是出现偶发状况时，班主任更要处乱不惊，保持镇定，随机应变，保证活动顺利进行。

（5）做好总结与提升

主题班会实施后，班主任或学生干部应及时收集学生或参加活动的来宾对该活动的反馈信息。班主任应随时注意观察学生的细微变化。一次主题班会即使取得了成功，但对它的教育作用也不要估计过高，因为学生的观念塑造、品德形成不是也不可能依靠一次或几次主题班会收到效果，而是应经受长时间的教育才能获得成效。对每一次主题班会实事求是的评估，可以总结经验，找出不足，有利于今后主题班会的开展，有利于班主任对学生的教育更加深入。

第一，班主任要善于总结、集中和提炼。做好总结是班主任的一项重要任务，在主题班会当中，学生的认识有时并不是一致的，有积极的，也有消极的，有时还会有分歧。这是由学生的年龄、知识和认识水平决定的，他们往往只能看到事物的表面现象，而看不到本质；有些学生仅凭个人好恶来判断事物的善恶、美丑，缺乏客观的标准；有些学生发言有明显的个人感情色彩，有片面性和局限性，缺乏理性的分析、判断。在这种情况下，班主任就要利用总结来启发、诱导和点拨，使学生们认识到事物的本质，认识到召开班会的目的，认识到自己今后努力的方向。在总结时，要对学生的认识给予集中、分辨、提炼和升华，使学生的认识有提高，行动有准则，前进有方向。

第二，班主任要善于"借题发挥"。在班会总结中，班主任要善于由此及彼、由表及里、由现象到本质，使主题班会发挥多种教育作用。

第三，班主任要做好"追踪教育"，巩固班会成果。一是在主题班会之后，抓住学生思想情感方面的变化，继续加以引导，促其升华。力争在每次活动之后，让学生们在心灵深处留下一点有价值的东西，并使他们在行动上有所表现。二是班会做出的决定，班委会要认真监督执行，并付诸行动，从现在做起。例如，在召开了有关集体荣誉感、集体主义精神的主题班会后，就要及时表扬那些关心集体利益、为集体做了好事的同学，对于差的，要批评指正，只有这样，主题班会才能发挥它的效用。

(二)活动型专题教育

中职学生正处于青春期，活泼好动是天性，而活动型专题教育多以"玩"的形式出现，所以很受中职学生欢迎。作为班主任，在组织这样的活动之前，一定要注意先告诉他们主题，启发他们在活动中去探求真、善、美，而且在活动的时候要多次给学生讲"玩"的意义，教学生会玩，引导学生在玩中观察生活、激发情感，不断增强学生对生活的热爱与追求。

对学生的思想教育可以蕴含在各种不同类型的活动之中，让学生在轻松愉悦的氛围中接受潜移默化的教育。竞赛类活动，如跳绳比赛、拔河比赛、篮球比赛、象棋比赛等，可以融入集体主义教育、团队精神教育、拼搏精神教育等；文艺演出才艺展示类活动，可以发掘学生的长处，建立学生的自信，营造和谐融洽的班级氛围，同时也可以将爱国主义教育、中国精神教育、道德品行教育等融入其中；外出类活动，如登山、郊游、参观、夏令营等，可以激发学生的爱国情怀，让学生学会关注环境，热爱大自然，培养审美情趣等。

班主任在组织活动型专题教育时，一要根据活动的教育目的选取合适的形式；二要注意活动内容要健康向上；三要注意学生参与的广度和深度；四要注意安全，特别是比较激烈的竞赛类活动和外出型活动，一定要有充分的预案，履行相应的程序，不可擅自决定。

(三)知识型专题教育

知识型专题教育是学生开阔视野、发展个性的良好园地，如参观、访问科技场所、企业，听专家讲座，开展知识竞赛等，这是进行中国国情教育、科技知识教育、法制安全教育、职业生涯教育的大好机会。

(四)节日型专题教育

在东、西方文化中，一年有好多节日，这是非常好的开展专题教育的时机。在春节、清明节、端午节、中秋节、重阳节等中国传统节日里，可以对学生进行中华传统文化教育、家庭美德教育；在劳动节、青年节、教师节、国庆节、建军节这些节日里，可以对学生进行理想信念教育、党史军史教育、爱国主义教育、尊师重道教育、劳动意识教育等；在母亲节、父亲节、感恩节等西方节日里，可以对学生进行道德品行教育，让他们学会感恩，懂得尊重和珍惜，知道回报和努力。开展节日型专题教育可以使学生同时接受来自学校、家庭、社会的三重教育，促进学生道德品质，知、情、意、行等各心理要素的全面发展。当然，作为班主任必须注意，节日是重复出现的，但是我们的活动不能重复，要不落俗套，年年翻新，给学生以新鲜感，在不断的活动中巩固教育成果。

第四节   主题班会型专题教育实例

一、理想信念教育主题班会实例

中国梦   我的梦

一、设计理念

这是一个绽放梦想的时代，每个人都是梦想家，中国梦从我们的梦开始，同学们要在每个阶段放飞自己的梦想，充分展示当代中职学生积极、健康、向上的精神风貌，自觉将个人的成长奋斗融入中国梦。

二、育人目标

1. 引导学生懂得少年强则国强，增强民族责任感。

2. 引导学生树立正确的理想，明白个人的理想与祖国的发展息息相关。

3. 指导学生如何在日常的学习生活中一步步实现自己的梦想，坚韧不拔，永不放弃。

三、班会过程

(一)探索梦想

导入：每个人心中都有梦想，有梦想就有未来，我们的梦想和学校、国家的梦想息息相关，所有的梦想组合到一起就是中国梦。《中国梦   我的梦》主题班会现在开始。下面有请主持人：班长×××，团支部书记×××。

主持人1：尊敬的老师！

主持人2：亲爱的同学们！

合：大家好！

主持人1：从小我就爱做梦，梦中，天真蓝，水真清，草真绿，花真香。

主持人2：我在祖国的蓝天下，自由飞翔。长大后，妈妈问我有什么梦想，我告诉妈妈，我的梦就是，爸爸更健康，妈妈更漂亮，我更苗壮，我们一家幸福吉祥。

主持人1：上学了，老师教导我，梦要更高更远，不能只有小家，还要有国家，国家的梦更伟大。于是，中国梦就成了我的梦，我的梦就是中国梦，请看视频《中国梦》。

(二)追逐、坚持梦想

播放青少年励志公益节目《我的梦》。

主持人：看了这个节目后，大家有什么样的感想？大家的梦想是什么呢？（学生讨

论发言）

在风中跌倒，在爱中流泪。当我们选择了职业教育，进入职业学校，梦想的萌芽就在这里快乐生长，理想的风帆就在这里起航。同学们，学校给我们创造了优越的生活、学习环境，我们怎样才能为学校争光呢？（学生讨论发言）

是啊，国家越来越重视职业教育的发展，在今年首届"职业教育活动周"启动仪式上，国家总理李克强、副总理刘延东发表讲话，职业教育"成就出彩人生"，那么我们中职学生该如何展现我们应有的风采呢？（学生讨论发言）

主持人：同学们的发言充分展示了当代中职学生积极、健康、向上的精神风貌，自觉将个人的成长奋斗融入中国梦。我相信越来越多的同学会按照刚才说的去实现自己的梦想。

班主任：在与大家一起的日子里，我感受到了同学们的青春活力、崇高的理想和坚定的信心，下面让我们以热烈的掌声有请我们班的小小歌唱家×××为我们演唱一首励志歌曲《我相信》。

（三）感悟梦想

班主任：在歌曲《国家》中有这样的歌词：都说国很大，其实一个家，一心装满国，一手撑起家，家是最小国，国是千万家。这充分说明了我们的梦想和国家的梦想是息息相关的。

千里之行始于足下，要追逐我们的中国梦，要从细节做起，从小事做起，从自我做起！习近平总书记深情阐述中国梦，他引用了三句诗"雄关漫道真如铁""人间正道是沧桑""长风破浪会有时"，将中华民族的昨天、今天和明天，熔铸于百余年中国沧桑巨变的历史图景，展现了几代人为民族复兴奋斗的艰辛历程，令人感慨，催人奋进。一百多年前，梁启超在《少年中国说》中也说过类似的话，请看视频朗诵《少年中国说》。

故今日之责任，不在他人，而全在我少年。少年智则国智，少年富则国富，少年强则国强，少年独立则国独立，少年自由则国自由，少年进步则国进步，少年胜于欧洲，则国胜于欧洲，少年雄于地球，则国雄于地球。

这些都在说明，神州大地到处是一派生机勃勃、欣欣向荣的景象，时代赋予我们这一代少年的是一个充满青春活力的中国，怎样才能无愧于这样的称谓呢？（学生讨论发言）

班主任：只要心中有梦，中国就会变成充满梦想的中国，所有的梦组合到一起，这样的中国才是少年中国，是希望中国，是中国梦。请同学们讨论一下，你所知道的和中国梦相关的事迹。

引导学生对《开学第一课》中有爱心的舞蹈老师完玛草、为中华崛起而读书的周恩来、拥有"理想之星"的拿破仑、立志造桥的茅以升、花样滑冰冠军庞清等人物的事迹理解与领悟，畅所欲言。

班主任：他们为梦想而奋斗的艰辛历程让我们感动，我们更为他们为实现梦想的那份执着而折服。为了梦想我们就应该坚持梦想，把自己的梦变成中国梦。现在我们看到了祖国日新月异的发展以及在世界上的重要地位。只要心中有梦，中国就会变成充满梦想的中国，这样的中国才是少年中国，是希望中国，是蓬勃发展的中国，是坚强自信的中国，是伟大崛起的中国。

班主任：俗话说，没有做不到，只有想不到。一个人要想幸福，一个国家要想兴盛，就一定要有梦想，每一个人的梦想聚集起来，就汇成了明天的中国梦。同学们，让我们从现在做起，好好学习，不断进取，放飞我们的梦想，期待明天的成功！最后祝愿，再过几年我们班的同学都能实现自己的梦想，为我们的祖国贡献力量，让学校因你而自豪！

二、中国精神教育主题班会实例

学习传统文化

目的：了解传统文化，学习传统文化，提升学生的民族自尊自信和道德修养，使他们成为传统文化的传承者、受用者、弘扬者，将中华民族的优秀文化发扬光大。

重点：了解传统文化，学习传统文化。

难点：如何继承发扬传统文化，对传统文化现实意义的理解。

准备：蜡烛，线，打火机，纸箱，纸条，胶带。

导语：我国的传统文化经历数千年风雨的洗礼与发展，已经成为中华文化中非常重要的组成部分，对于今天同学们的价值观念、道德思想和生活方式具有深刻影响。我们只有认识传统文化发展的历史过程，理解继承传统文化的现实意义，才能成为自觉的文化传承者。

一、演讲

1. 每个人都是演说家，现场随机抽取五名同学上台做演讲（围绕如何学习传统文化、传统文化的重要性等进行演讲）。

2. 每位同学演讲完毕，听众发表自己的感想，评论演讲同学的优缺点，也可以提出自己的观点看法，提出演讲人没有说到的内容，包括对传统文化的理解感悟。

3. 五位同学依次演讲完毕后，由听众进行打分，分数最低的两位同学上台进行表演。

4. 表演的形式可以为朗诵、唱歌、舞蹈、相声、吟诗（内容要紧扣传统文化主题，传播文化、继承文化）。

二、你来演，我来猜

1. 随机抽取三组同学，每组两名同学，进行你演我猜的活动。

2. 每组同学一名表演，一名猜测。

3. 表演的同学在纸箱内抽取表演纸条，时间一分钟，三组同学中猜对多者获胜，猜对最少的同学表演节目。

4. 同学们按抽取的纸条表演节目，内容都是和传统文化有关的，如舞狮子、包粽子、贴春联、放鞭炮、武术、太极、各种兵器、戏曲等。一名同学只能用自己的肢体语言进行无声表演，让另一名同学进行猜测。

5. 答对最少的一组同学要上台讲述自己家乡的饮食文化，或唱一首赞美自己家乡的歌曲，开阔大家眼界，让学生了解更多的传统文化。

三、游戏环节

1. 把蜡烛用胶带固定在课桌上，点燃蜡烛，并在蜡烛前方拉上一根线。

2. 随机抽取现场五名同学参加游戏。

3. 主持人提出问题，参加游戏的同学在回答问题的同时要把蜡烛吹灭。例如，主持人问："中国传统文化中的传统文学有哪些?"参加游戏的同学可以选择回答《诗经》《汉乐府》《孙子兵法》《三十六计》、先秦诗歌、汉赋、唐诗、宋词、元曲、明清小说等。主持人问："传统文化中，民间工艺有哪些?"参加游戏的同学可以回答潮绣、苏绣、剪纸、风筝、泥人、面人等。要对着蜡烛说这些答案，直到把蜡烛吹灭为止。注意，回答问题吹灭蜡烛不要超过那根线。

4. 每位同学计时一分钟，吹灭蜡烛最多的同学获胜，吹灭最少的两名同学要受到惩罚，当场背出关于传统文化的诗词，如《九月九日忆山东兄弟》《清明》《元日》《水调歌头》《离骚》《示儿》等。

四、讨论时间

1. 要求同学互相讨论班会进行到现在的感悟，抒发情怀。

2. 同学大胆发言，从这次班会能体会到什么内容，学到什么知识。

3. 请同学说出怎样传承文化，继承发扬文化。

五、过渡阶段

1. 国学经典、传统文化是我国民族文化的精髓，不仅蕴含着崇高的人格美和典雅的艺术美，更成就了一个伟大民族的血脉精神，是中华民族的文化之根。诵读经典，浸润人生，营造和谐进取的书香文化，势在必行。要求学生精读《论语》《千字文》《三字经》等中华传统文化典籍。

2. 利用课余时间、班内活动时间，组织大家学习《论语》，要求理解文字含义，领悟其中蕴藏的深刻道理，树立人生目标(结合传统文化)。

3. 写一篇读后感，要求生动，内容丰富(结合传统文化)。

六、总结

1. 学习传统文化要做到活学活用，不生搬硬套。

2. 做优秀文化的传播者、继承者，杜绝传播低俗落后的文化。

3. 理解传统文化的博大精深和源远流长，做到推陈出新、革故鼎新。

4. 优秀的传统文化时刻影响着学生的世界观、人生观、价值观，传统文化更能塑造人生，丰富学生的精神世界，增强学生的精神力量，促进学生的全面发展。

5. 优秀文化激励着学生们开拓进取，健康向上，只有成为传统文化的传承者和弘扬者，才能成为当今社会的主流。

三、道德品行教育主题班会实例(一)

相亲相爱一家人

一、班会背景

我带的学前教育专业班，由于专业特点，全部都是女生。经过一年的学习和磨合，同学们都有了感情。但是，由于女生心思细腻敏感，难免会发生小矛盾、小摩擦，班里的同学有拉帮结派甚至排挤孤立其他人的现象。恰逢我班吴芳芳同学因为家庭原因要转学到上海，我准备抓住为吴芳芳开告别班会的时机，在班里开展"相亲相爱一家人"的主题班会。

二、班会目的

1. 为相处了一年的吴芳芳同学送行，给吴芳芳同学留下美好难忘的回忆。

2. 让同学们体会同学之情的宝贵，提前体会离别的心酸，珍惜身边朝夕相处的同学，构建和谐、亲如一家的班级氛围。

3. 引导同学们体会时光易逝，要把握时间，努力学习，把同学们的心思拉回学习的轨道上来，在班级形成"赶学比帮超"的良好氛围。

三、班会准备

1. 相关内容的视频资料(过去一年班级生活的点点滴滴视频)，音乐(《相亲相爱一家人》)。

2. 每个同学为吴芳芳同学准备一句离别赠言。

3. 设计黑板报标题，布置教室。

四、班会实录

(一)导入阶段——离别的笙箫已经吹响

教室布置：在黑板上书写"相亲相爱一家人——芳芳，我们永远爱你"的标语，并发挥幼教生的特长，在黑板上画上手拉手的简笔画。

教师引语：同学们，今天我们开这个班会的目的想必大家已经听说了，我们班的吴芳芳同学由于父母长期在上海打工，就要转学走了，当我听到这个消息的时候，心里非常不舍。在我们的生命中，不断有人进入，有人离开，面对离别，我相信大家心中肯定也是非常不舍的。今天，让我们一起为芳芳同学送行。

(二)展开阶段——过去的美好永难忘怀

第一，播放学生过去一年的视频。

在平常的班主任工作中，我非常注意班级照片的收集，积累了大量学生生活、学习、活动的照片，并利用专业特长为学生制作视频。根据本次班会的主题，在有吴芳芳镜头的时候，我会给一些特写和停顿，并配上文字和音乐。在深情的音乐声中，当同学们看到定格的吴芳芳同学的笑容时，很多同学的眼中泛起了泪花。

第二，同学们对吴芳芳表达不舍。

吴芳芳与我并肩站在同学们中间，同学们纷纷对她说离别寄语。

学生1：芳芳，你就要走了，我好舍不得你，我会想你的。

学生2：芳芳，你还记得我们一起疯、一起笑吗，你要记得我啊。

学生3：芳芳，到了新学校，你一定要照顾好自己。

第三，班长朗诵小诗《离别》。

> 相遇是为了离别，
>
> 离别是为了更好的相遇，
>
> 我们只是暂时离开彼此，
>
> 相信我们总会相遇，
>
> 相遇时我们还是未离别时的彼此。

第四，吴芳芳同学向老师同学们说心里话。

看到同学们不舍的眼泪，芳芳同学非常感动，她向所有同学深深鞠了一躬："谢谢你们，一年的朝夕相处，是你们鼓励了我，初入校时，由于父母长期不在身边，性格孤僻，是你们用无微不至的关怀和亲密的姐妹情融化了我的内心，正当我融入集体、体验幸福的时候，却要离开大家，我非常不舍，我会把大家珍藏在心中。"

第五，集体合唱《相亲相爱一家人》。

教师：同学们，离别总是猝不及防，我们每个人都有不同的人生轨迹，能聚到一个班级共处就是缘分，现在大家一起唱《相亲相爱一家人》。

所有的同学起立，手拉着手，歌声响起。当熟悉的旋律在教室响起的时候，每个同学都握紧了旁边同学的手。

因为我们是一家人，

相亲相爱的一家人，

有缘才能相聚，

有心才会珍惜，

何必让满天乌云遮住眼睛。

因为我们是一家人，

相亲相爱的一家人，

有福就该同享，

有难必然同当，

用相知相守换地久天长。

（三）升温阶段——眼前的友谊更要珍惜

教师：同学们，吴芳芳同学离开我们，是为了更好的前程，我们应该为她祝福。有的人说，离别是为了更好的重逢。可是，我想跟大家说的是，在时间的长河中，有些时光是一去不复返的，有些人也是离别不会再见的。我大学毕业的时候，大家痛哭相约再见。可是，当每个人疲于奔波，在滚滚的生活长河中自顾不暇的时候，哪里还能再见。所以，当下的时光是最值得珍惜的时光。

现在，请你看看你的同桌，再看看你的室友，如果明天你们就要分离，你还会跟她闹矛盾吗？你还会为她一点点无心的过失而生气甚至排挤她吗？

同学们，你们以为毕业很远，可是，在你懈怠的时候，时光就匆匆流走了，所以，我希望大家珍惜时间，和谐相处，相亲相爱，利用宝贵的时间来学习技能，提高专业水平。这样，当你毕业的时候，你才能说无悔青春。

五、班会效果

深情的朗读、感动的泪水、激动的掌声和难舍的拥抱，构成了一个个感人肺腑的画面，真实的幸福感在教师和学生之间流淌。经过此次班会，同学们达到了空前的团结，班里的气氛和谐而积极，各项量化也达到年级第一。事实再次证明，最伟大的教育是爱的教育，教师只有用爱才可以打开学生的内心，激发学生的潜能，达到班级管理的最佳状态。

四、道德品行教育主题班会实例（二）

读懂母爱

一、活动背景

部分学生漠视父母的关爱，无视周围人对他的关心，不懂得回报父母、关爱他人，希望通过此次班会，同学们能够更深刻地体会母亲的艰辛与不易，从而理解亲情，学会感恩。

二、活动目的

1. 充分调动学生的积极性，让大多数学生亲身参与其中，反映的事件真实可信，能引起学生情感的共鸣，达到潜移默化的教育效果。

2. 让学生了解母爱，感受父母之情，体验爱的圣洁、无私和伟大；让学生学会理解父母、关心父母、孝敬父母，以实际行动报答父母，以便今后把这种爱的情感转向爱社会、爱祖国，从而将中华民族的传统美德发扬光大。

3. 通过举行母亲节纪念活动，引导学生用实际行动表达对母亲的感恩之情，促进两代人的沟通和相互理解，培养学生对家庭的热爱和责任感。

三、活动形式

学生、家长、教师多向互动；演讲、文艺表演、艺术欣赏等相互结合，突出对情感的真实感受。

四、活动内容

以歌曲《时间都去哪儿了》为主要背景音乐，欣赏散文《读懂母亲》和与母爱相关的图片：《孩子谈妈妈，妈妈说孩子》；女生独唱《妈妈的吻》；从几乎是微不足道的事实出发，表达高尚和伟大的母爱。

五、活动准备

1. 准备内容中涉及的文章、音乐、图片。

2. 准备一个4～5kg的物体。

3. 邀请学生家长。

4. 创作主题班会演示文稿。

5. 布置任务，落实场地和设备。

六、活动过程

1. 让两个学生在腹部绑上4～5kg的物体，让他们谈感受，体验母亲怀孕时的辛苦。

2. 用《时间都去哪儿了》作背景音乐，播放婴儿出生过程的图片及能够体现母爱的图片。

3. 让学生说说自己对母爱的感受。

4. 欣赏散文《读懂母亲》。

5. 让学生谈谈自己的母亲，讲述母亲为自己做的一件难忘的小事。

6. 用问卷形式调查学生对母亲的关心程度。

7. 家长发言，谈对孩子的关爱和期望。

8. 女生独唱《妈妈的吻》。

9. 学生给家长献花。

10. 主题班会小结，让学生每人写一篇感受，并张贴于班级文化墙上。

七、活动总结

倡导学生在母亲节开展孝心行动。要求学生通过给母亲送一束花、说一句祝福语、制一张贺卡或为母亲捶一次背、洗一次脚等活动，表达对母亲的感激之情。

八、活动意义

本次主题班会能使学生理解母爱的真谛，深深打动学生的内心，引起共鸣，从感触到感化到内化，步步深入，条理清晰，如行云流水，解读母爱和成长，深刻而意味深长。相信这次班会能触动学生，从而让学生感恩父母，学会吃苦。

五、法治知识教育主题班会实例

法在心中

一、班会目的

一些中职学生法制和纪律观念淡薄，不但违反校规校纪，有的甚至走上违法犯罪道路。另外，由于缺少法律意识，部分中职学生在自身受到伤害时不知道用法律武器保护自己。所以召开本次主题班会，是要教育大家知法懂法，学会用法，争做遵纪守法的好学生和合格公民。

二、重点内容

学习各种违法违纪行为的案例，增强法制观念和纪律意识，提高自我保护能力。

三、教学方法

讨论法、案例法、情景剧表演。

四、准备工作

1. 让同学们收集常用的法律知识和有关青少年违法行为的新闻，组织学生排演小品，学唱歌曲，准备宣誓词。

2. 选好班会主持人。

3. 制作 PPT 课件。

五、班会过程

第一，通过小品展示学习法律知识的重要性。

第二，进行法律、安全常识问题抢答，班级学生展示小快板《做个守法好公民》。

第三，联系实际，探讨身边违反校纪校规的行为，寻找解决的对策。

第四，班级宣誓，争做知法懂法的合格中职学生。

第五，班主任寄语。

（一）知法

李：青少年是祖国的花朵，中职学生是社会主义建设的主力军，我是父母心中的宝贝，因此，提高大家的法制安全意识，提高自我保护的能力，可以说是利国、利家、利己的。

陈：《法在心中》主题班会现在开始！

李：昨天有个同学问我："学法律有什么用？我不违法就是了。"

陈：话可不能那么说，法律的存在是为了让我们生活得更好，更加有序，要是没有各种法律，社会恐怕会乱得一塌糊涂；要是没有交通法规，路上肯定会乱成一锅粥；要是没有校规校纪，学校也会一团糟。

李：有那么严重吗？我觉得只要我不违法，就不会被法律找上门。

陈：那可未必，许多事情并不是我们想得那么简单，许多案件发生了，犯罪嫌疑人还不以为然呢。

李：照你这么说，我们有时候也会在不经意间就触犯了法律吗？

陈：当然。昨天中午，我一个同学在家玩游戏的时候，兴奋地把一个饮料瓶子从18楼扔下来。你猜发生了什么事情？

李：还能怎样，不就一个饮料瓶子吗。

陈：出大事了，那个瓶子正好把楼下70岁的王太太砸死了，现在我同学被公安局带走了，说是过失杀人。

（二）学法

李：听你这么一说，不懂法律太可怕。那我们班同学没有法律意识怎么办？

陈：下面就让我们进行法律常识抢答。

李：看了抢答的情况，我发现同学们虽然知道一些法律常识，可还是远远不够呢，以后一定要经常学法用法，遵规守纪。

陈：接下来请欣赏同学们自己排练的小快板《做个守法好公民》。

（三）守纪

李：其实在我们的校园中也有很多违反校规校纪的行为，下面播放视频，展示三个学生违纪的案例，我想问问，如果是你们，你们会怎么做呢？（请3～5个学生进行回答，互动、表扬、提问）

陈：同学们平时生活在校园里，学习在教室里，有没有发现身边也有违反校纪校规的行为呢？遇到这些情况我们该怎么办？（分小组讨论，小组长总结发言）

（四）宣誓

作为一名中职学生，为了美好的明天，我庄严宣誓：

爱我父母，强健身心；

爱我恩师，努力学习；

爱我生命，享受幸福；

遵纪守法，行为文明；

从我做起，改掉陋习；

提高法制意识，远离违法犯罪；

做文明中职生，为社会贡献力量。

六、职业生涯教育主题班会实例

我的幼儿教师梦

随着社会经济的发展和人们教育观念的转变，幼儿教育越来越受到人们的广泛重视，社会对幼儿教师的教育理念和整体素养要求也在迅速提升。本届学前教育专业的学生由于大部分来自农村，年龄比较小，教育理念比较滞后，他们的观念还停留在自己上幼儿园时对传统幼儿园的认识，对幼儿教师这个职业的整体认识不够深入，而且对于当前新的学前教育理念知之甚少，对自己未来的职业了解不够，没有清晰的努力方向和学习奋斗目标。所以本次活动以"我的幼儿教师梦"为主题，让学生对幼儿教师这个职业有一个更清晰的认识和了解，对自己在学习中存在的问题进行深刻的反思，并为自己实现未来的幼儿教师梦做一个规划。

一、活动目的

通过这个活动让学生对自己的专业有更深入的了解，反思自己在学习中存在的问题，对自己未来的职业有更明确的奋斗目标，并且加强同学们对学前教育职业的认同感。

二、活动准备

1. 提前请两名同学准备诗歌朗诵《让梦想飞翔》。

2. 请一名学前教育专业的优秀毕业生返校现场介绍经验方法。

3. PPT 课件。

三、活动过程

第一环节，诗歌朗诵。请两名同学朗诵《让梦想飞翔》导入本次活动。

x

新的一年，带走了所有的不愉快，

人生道路上难免有困苦和感伤，

新的一年，带来了崭新的希望，

汗水和泪水交织悄悄地往下淌。

站在一个全新的角度，我四面眺望，

美好的未来打开我心中的渴望。

回望过往的路留下的足迹，

只要给我一双翅膀我便要飞翔。

凝视脚下匆匆的脚步，

在追逐的天空中我越来越坚强，

寻找远方未知的旅途。

总有一天我会看到美好的希望。

昨天是岁月青春的照片，

我的梦想，不再模糊，不再遥远，

今天是生活真实的影像，

就在前方，就在眼前，清晰可见。

明天是未来美好的蓝图，只有梦想永不变。

阳光洒在我的身上，

就让时间来证明，奇迹总会出现。

灯光打在我的脸上，

走过的路不知道对错，不知往哪个方向走。

迎着风，逆着光，

有人说梦想随风就飞过，

出发，飞翔，

飞在天空中的梦想，我一个人去追逐，

追逐我的梦想。

尽管累了，倦了，迷茫了，

却依然享受天空和清风带来的舒畅。

每一次飞翔，轻歌曼舞，无限接近梦想的天空。

人生道路上难免有困苦和感伤。

第二环节，畅谈梦想。

分小组自由畅谈自己的梦想，每组选一名代表发言。

第三环节，如何实现梦想。

1. 请09级学前教育专业优秀毕业生XXX自我介绍，着重从在校学习期间的学习方法、学习目标，以及工作应聘、工作情况等方面进行介绍。

2. 请同学们通过 XXX 同学的学习、工作历程，自我反思。

3. 请同学们根据自己的梦想，议一议，怎样才能实现自己的梦想？在学习中你有哪些不好的表现？要实现梦想现在应该怎么做？

4. 请每个同学为实现自己的梦想，详细地制定一个近期、中期、远期目标。

第四环节，教师总结。

通过此次活动，同学们查找了自己在学习中的不足，明确了学习目标，心中也都有了一定的奋斗方向。希望同学们珍惜在校学习的每一段时光，打好基本功，迅速提升自己的幼儿教育能力，在不远的将来，争取成为一名优秀的幼儿教师，实现自己的梦想。

七、心理健康教育主题班会实例

做情绪的主人

一、活动背景

中职学生正处于人的生理和心理充分发展的时期，也是身心充满矛盾的时期，他们会面对许多矛盾和困惑，如理想与现实的冲突、理智与情感的冲突、独立与依赖的冲突、自尊与自卑的冲突等，在缺乏准备的条件下，他们的情绪会像波涛汹涌的大海时起时落，这些情绪上的波动，使他们难以自觉控制。如果这些冲突和矛盾得不到及时的疏导和解决，久而久之就会导致心理疾病。

二、活动目的

本次活动使同学们认识和了解自己的情绪，了解影响情绪形成的原因及对人的影响，在日常生活中掌握控制情绪的方法，逐渐学会成熟的心灵管理，帮助自己在成长的道路上越走越顺利。

三、活动准备

1. 收集整理一些有关情绪的小故事。

2. 准备歌曲《幸福拍手歌》。

3. 将全班同学进行分组，各小组派一个代表把自己生活中遇到的问题进行阐述。

4. 做好班会所需要的 PPT。

四、活动过程

1. 班主任和同学齐唱《幸福拍手歌》，通过热身活动调整大家的情绪。

2. 班主任给学生讲故事《生日礼物碎了》。

今天是你的生日，你收到好朋友送的一件你向往已久的礼物——一件精美的水晶雕像，非常高兴！在向同学们展示你收到的礼物时，一不小心，突然一阵刺耳的声音，你发现自己的水晶雕像已经被摔得粉碎，你的心情会怎样？

愤怒、生气、郁闷、想发脾气，看什么也不顺眼……

班主任提问：假如这个雕像是被一位盲人碰碎的，你会怎样处理？这说明了什么道理？

学生A：我心情应该会好些吧，毕竟他看不见，他也不是有意要碰碎的。

总结：看来通过这个情境小故事，大家都能发现，影响我们情绪的原因往往不是所发生的事件（向往已久的礼物被碰碎了）本身，而是自己对事件（礼物被碰碎）的看法。

3. 谈一谈情绪的表现形式及分类。

班主任：生活中，大家归纳一下自己情绪的表现形式有哪些？

学生A：喜、怒、哀、乐。

班主任：我来补充一下，有喜、怒、忧、思、悲、恐、惊等。另外，我们刚刚提到的情绪可以分为两大类：积极情绪和消极情绪。我需要同学们思考一下，你们生活中常见的不良情绪有哪些？

学生B：生气、伤心、郁闷、紧张、冲动等。

班主任：对，还有敌对、冷漠、焦虑、喜怒无常等都是不良情绪，容易导致情绪低落。生活中，我们应该让自己多些积极情绪，如喜悦、感激、宁静、兴趣、希望、自豪、逗趣、激励、敬佩和爱等。

4. 现在，把自己烦恼的事情写在小纸条上，我待会儿收上来会从中随机抽取一张，读给大家听，然后，把同学们分成两组，一组从积极情绪的角度分析这位同学面对的问题；另一组则从消极情绪的角度分析。小组讨论后，派代表上台交流。

学生代表发言结束后，班主任进行总结。

总结：当我们遇到事情时，一个心理成熟的人，不是没有消极情绪的人，而是善于调节和控制自己情绪的人。处理情绪的办法有很多，我们应该学会避免从消极的角度去考虑问题，要从积极的角度思考问题，提高自信，学会快乐的生活，追求和谐的人际关系。

5. 班主任给学生讲樵夫的故事。

山里住着一位以砍柴为生的樵夫，在他不断地辛苦建造下，终于完成了一间可以遮风挡雨的房子。有一天，他挑着砍好的木柴到城里交货，当他黄昏回家时，却发现他的房子起火了。左邻右舍都前来帮忙救火，但是因为傍晚的风势过大，没有办法将火扑灭，一群人只能静待一旁，眼睁睁地看着火焰吞噬了整个小屋。

当大火终于灭了的时候，只见这位樵夫手里拿了一根棍子，跑进倒塌的屋里不断地翻找着。围观的邻人以为他在翻找藏在屋里的珍贵宝物，所以都好奇地在一旁注视着他的举动。过了半晌，樵夫终于兴奋地叫着："我找到了！我找到了！"邻人纷纷向前一探究竟，才发现樵夫手里捧着的是一片斧刀，根本不是什么值钱的宝物。

只见樵夫兴奋地将木棍嵌进斧刀里，充满自信地说："只要有这柄斧头，我就可以再建造一个更坚固耐用的家。"

总结：事情对我们发生什么作用，取决于它使我们在内心发现什么。生命并非总是由一手好牌来决定，而往往是由善于处理一手坏牌来决定。苦难不会长久，强者却可长存。

班主任：我们要学习这个聪明的樵夫，积极乐观地面对生活。那么，面对挫折，我们应该如何在出现不良情绪的时候控制好它呢？

控制情绪的方法：积极乐观地看待发生的事情、积极参加各项活动、通过运动转移注意力、正确感知、合理宣泄、幽默对待、换位思考、和朋友倾诉。

请同学们回忆一下，由于说出情绪而很好地化解矛盾的事件。相反，由于没有说出不良情绪而任凭情绪发泄，产生不良后果的事件。

6. 让同学们读《学会控制情绪》。

> 花开花谢，草长瓜熟，
>
> 万物都在循环往复的变化中。
>
> 我也不例外，情绪会时好时坏。
>
> 今天，我要学会控制情绪，让每天充满幸福和欢乐。
>
> 弱者任情绪控制行为，强者让行为控制情绪。
>
> 当我被悲伤、自怜、失败的情绪包围时，我这样与之对抗：
>
> 沮丧时，我引吭高歌；
>
> 悲伤时，我开怀大笑；
>
> 恐惧时，我勇往直前；
>
> 自卑时，我换上新装；
>
> 自轻自贱时，我想想自己的目标。
>
> 总之，今天我要学会控制情绪。
>
> 我领悟了人类情绪变化的奥秘。
>
> 对于自己千变万化的个性，我不再听之任之。
>
> 我知道，只有积极主动地控制情绪，才能掌握自己的命运。
>
> 我要成为自己情绪的主人！

五、活动思考

通过此次主题班会，学生们可以意识到自己身上容易存在哪些不良情绪，认识到人们的情绪状态与生活的幸福指数具有明确的因果联系，积极情绪越多，思维就越开阔，我们看到的快乐就多，班级氛围就好，学生们相互依赖、相互促进、积极向上。这也是我作为班主任对学生进行心理健康教育的重要成果，是德育工作实实在在的收获。

第四章 中职班主任工作的发展与创新

第一节 网络环境下的班级管理

一、网络环境与传统环境下班级管理的比较

飞速发展的互联网技术给中职教育的发展和改革带来了新机遇，与此同时，也为中职班级管理带来了巨大的挑战。网络环境下，学生接受各种信息的渠道更加便捷和多元化，而学生的心理和思想相较以前也发生着巨大的变化，这些为现代班主任对中职班级的管理增加了难度。因此，在新的形势下，班主任要积极主动调整和更新班级教育管理理念，了解网络环境下学生的思想和行为，并制定及时有效的管理对策，引导新形势下的中职学生健康学习和成长。

这里所指的传统环境下的学生班级管理，是指在没有具备现有相对完备的网络环境及信息互动沟通工具的条件下，班主任与学生及其家长之间，以传统的面对面、电话或书信等形式进行的语言交流、情感沟通、信息互动及指令发布等，对学生及学生班级实施教育和管理行为的模式。目前，由于管理思想理念和硬件等方面的限制，我国绝大部分中职班主任仍然沿用传统的面对面模式，进行日常的教育、辅导、监督和管理等具体的班级管理工作。因此，传统环境下的管理方式仍然是当前我国中职班级管理模式的主要形式。

(一)网络环境下的班级管理内容

首先，我们需要对网络环境下班级管理的基本内容进行了解，网络环境下的班级管理包括以下几个方面。

1. 学习管理

学习管理包括以多媒体教学平台为主的教学体系，以及课下通过新兴网络通信工

具开展的学生作业督促检查、学生学习情况反馈、学生兴趣课题研讨、教师同学生及家长一同就某一话题交流探讨等。

2．纪律管理

运用网络通信工具及时向家长通报学生在校期间的表现，特别是对问题学生，通过此方式让家长随时知晓子女的在校情况，教师、家长协作，同时管理学生。

3．生活管理

运用网络通信工具面向学生发布每日天气状况，特别在换季、天气情况剧烈变化时节，通过"教师温馨提示"等形式叮嘱学生注意加减衣物、注意上下学路上的交通安全，以及向过生日的学生送去祝福，等等。

4．日常信息发布

通过学生家长 QQ 群、微信群、学校公众平台等工具发布网络课堂、电子校报、家长学校教学及作业和校园文化生活通知。甚至定期在 QQ 群内召集学生家长就与学生有关的某一话题进行讨论，组织非正式的简短的网络家长会，等等。

(二)网络环境下与传统环境下班级管理的异同

1．共同之处

在班主任的教育管理实践活动中，其实无论是否具备现代化的网络环境，是否拥有方便快捷的现代网络通信终端和交流工具，班主任的工作对象都是正在进行教育的学生及其家长，从事这些教育管理工作的最终目的也是帮助学生增长知识和才干。

(1)教育管理的主导相同

一直以来，学校都在强调素质教育背景下要实现学生在教育管理活动中的主导地位。但是，从现实的教育管理实践来看，无论是从知识能力、身心发育水平还是当前应试教育的大环境等主客观条件，当前班级教育管理方式，依然不能摆脱长久以来传统的以教师为主导的教育管理模式。在日常的教育管理活动中，作为成年人的班主任仍然是发起和组织班级教育管理活动的主要角色，只有在他的带领下，班级的全体成员才能团结一致，主动实现既定的教育目标。因此，无论是在网络环境还是传统环境下，无论教师选择什么样的教育管理方式，利用何种教育管理工具，班主任在班级教育管理活动中的主导地位依然不会改变。

(2)教育管理活动的主要对象相同

在当前教育管理的实践中，起主导作用的班主任，无论是在课堂知识教学，正确的世界观、人生观和价值观的引导和树立，还是日常学习生活习惯的养成，面对的都是正在成长和发育的学生。此外，班主任无论是通过家长会、电话还是网络，与家长进行越来越密切的联系和沟通是主要目的。

（3）教育管理目标相同

无论是在传统环境下的言传身教还是在网络环境下利用方便快捷的各种沟通和教育手段，现代班主任工作的主要指向都是更好地与学生进行良好的、高质量的交流与互动，班主任只有在尽可能多的沟通中才能发现学生在学习和生活中出现的各种情况和问题，才能有针对性地在家长的积极配合下，对学生给予有效的指导和教育。因此，作为教育管理活动凭借的工具，无论是采用传统环境还是网络工具，班主任开展教育管理活动的目标都是一致的，即培养学生养成良好的学习和生活习惯，培育学生成长成才。

（4）教育管理内容有重合处

无论是在传统环境下还是在网络环境中，班主任都要备课、收集和记录学生日常生活和学习的信息，都要通过以语言表达为主的日常教学活动实现对学生的教育过程。两者凭借和利用的教育资源基本上是一致的，后者是在前者基础上进一步的发展和完善。但归根结底都需通过班主任主动地积累、整合和利用自身已经具备的各种教育教学资源实施教育管理行为。

2. 不同之处

（1）教育管理方式有区别

传统环境下的班主任教育管理活动，大多以师生或教师与家长直接面对面的形式开展，以语言交流为主要方式。而在网络环境中，由于各种形式的交流工具的应用，教师与学生及其家长进行沟通可以是异地的、非面对面的形式，除了以语言作为沟通的方式外，文字、图片、表情等各种学生更易喜欢和接受的信息表达和传递方式，越来越多地成为网络环境下教育管理的方式。

（2）教育管理方法不尽相同

传统环境下，由于客观条件的限制，班主任实施教育管理行为会更多地使用说服教育的方式。使用相对抽象的说教方式，容易引起学生的思想疲劳和反感。而在网络环境下，班主任可以利用丰富多彩、健康向上的网络信息资源，通过图片展示、视频播放，甚至通过网络直接联系正面榜样、反面典型现身说法等形式，向学生进行全方位、立体生动的展示、演示，让学生自觉体会其中的道理，从而促成其自身形成自我教育管理的内在动力。

（3）教育管理的实效性存在差异

从现实情况来看，传统环境下的班主任以面对面的、说服教育的教育和管理方式，对学生的影响效果不尽如人意。当前，在获取信息十分便利的网络时代，学生通过网络媒体得到的各种知识和信息并不一定比教师少。班主任单纯地想要通过简单说教影响和改变学生的思想较为困难。而在网络环境下，班主任可以充分利用网络多媒体教育教学手段，以声音、图像和视频的形式，从不同视角和正反两方面典型向学生宣传和展示教育内容。丰富多彩且具有吸引力的教育内容，自然会引起学生的主动关心和关注，在教师的引导和启发下，学生会得到正确的、积极的结论，从而实现学生的自我对照监督和纠正。

（三）传统环境下的班级管理特点及存在的不足

由于传统的教育管理理念的长期作用，以教师为主导的教育管理模式依然存在。同时，教师与学生、家长主要以语言对话为交流沟通、传递思想、表达感情的主要形式，这就导致了传统环境下班主任教育、管理行为存在如下特点和不足。

1. 沟通方式具有单一性

传统环境下的班主任教师教育、管理行为，主要以语言交流形式实现与学生家长的沟通。除了日常的教学工作之外，班主任教师通常以语言为主要形式实现对班级及学生的教育管理行为，如班主任对学生认真完成学习任务的要求、对认真遵守各项纪律的要求、对正确处理同学间相互关系的要求，以及对校园内外安全问题的强调，对表现优秀的表扬，对表现不好同学的批评，与家长就学生的教育进行沟通，等等。传统环境下的班主任都以语言为主要形式向学生及其家长进行传达，实现教育和管理行为。

2. 沟通活动具有单向性

由于教师在班级教育管理活动的主导性地位，在传统环境下，无论班主任向学生提出学习、生活方面的有关要求，还是向家长提出有关教育管理建议，由于缺乏有效的互动交流媒介和平台，学生及其家长往往只能被动地接受和遵守教师的要求和建议。这种具有单向性的沟通方式，班主任很自然地会成为教育管理活动中"发号施令"的主角，学生及家长只能作为"言听计从"的配角，很容易形成师生间及教师与家长间地位的不对等关系。

3. 沟通活动具有瞬时性

传统环境下以语言对话为主要形式的班级教育管理活动，多是在某一时间点或某一时段内即兴展开的，同时因为同步记录工作的缺乏，很多教育管理活动的要求性语言常常会随时间的流逝而被学生、家长甚至教师自己淡忘。

4. 容易造成摩擦

传统环境下的教师、学生、家长主要以语言对话为主的教育管理活动，容易受沟通双方心理状态、情绪的干扰和影响。在对话双方情绪不佳、心情不好时，特别在面对正在处于或接近性格叛逆期的学生时，在以语言交流为主的教育管理活动的实施过程中，会出现某一方甚至是双方语言上的摩擦。特别是具有逆反心理的学生甚至会直接公然反对、反驳和对抗班主任的教导和管理。

当然，除了以上所述的特点与不足外，传统环境下以语言沟通为主要形式的班级管理方式加上沟通双方的面部表情、肢体动作的配合，使沟通双方更易于开展情感的交流，因而使得班主任的教学管理活动具有较强的人情味。例如，教师通过书信、批改学生作业的评语与学生及其家长进行沟通和交流，使用简短的作业评语对学生的作业状况甚至是近期表现进行评价。学生通过对教师评语的回应形成与教师的互动，从而进一步增进师生感情。作业评语当中的评价特别是具有鼓励性质的正面评价，往往会给予学生意想不到的激励。但这种方式往往因为教师在时间和精力方面的限制，使用和出现的机会相对较少，因此影响作用也相当有限。

二、网络环境下班级管理的特点及影响

现阶段国内网络环境下的班级，在班级容量、学生构成、组织形式等方面，与传统意义上的班级并没有本质上的区别。只是随着科学技术的不断进步，网络和信息技术日益走向简单化和普及化，在现今的班级教育管理活动中，一方面，班主任在传统的管理方式上，加入了手机短信、校信通、QQ群以及微信等多种现代网络信息传输终端，班主任在日常教育管理的形式呈现多样化特征；另一方面，由于使用和掌握电脑及网络应用技术的门槛降低，新时代学生也可以自如使用电脑、手机等网络信息终端，并积极主动地参与到教育管理活动中来。网络信息传输工具成为连接教师与学生、教师与家长开展交流沟通的平台和信息交换的中枢。因此，基于网络及信息技术环境下的班级教育管理工作，有其自身特点，而且对师生双方也会产生不同的影响。

(一)网络环境下班级管理的特点

1. 教育管理方式的多样性

依赖网络及信息技术的飞速发展，现代班级教育管理工作的开展，可以通过手机短信、校信通、QQ群以及微博、微信等多种现代网络信息传输终端，实现与学生及其家长的交流和沟通。

根据日常教育、管理的不同内容，班主任可以选择不同的方式实现与学生及其家长的信息传递和互动。例如，面向全体同学的单纯性、指令性的学校通知、活动安排等内容，班主任可以使用校信通等"一对多"短信信息平台进行发布；针对个别学生出现的具体情况，不便于公开发布的内容，教师可以使用手机短信直接与学生及其家长进行"一对一"叮嘱教导；对于有关班级或同学的奖励、表扬等正面积极、可以鼓励全体同学的信息，或者希望在同学家长中进行讨论的问题，可以使用可以得到同学及家长广泛关注和积极回应的班级QQ群、微信等。而对于班主任自身关于班级教育管理过程中产生的心得、体会、感想等内容，则可以通过发布博客、微博等方式抒发内心情感，甚至可以通过评论功能进行积极的沟通互动。

2. 教育管理内容的丰富性

利用现代多种形式的信息工具，班主任不仅可以面向不同个体或群体开展有针对性的沟通、交流，更能充分利用多种信息沟通载体开展内容丰富的教育管理工作。

班主任有效地利用网络环境下的各种工具参与到对学生的教育管理工作中来。例如，在主题班会中，可以利用 PPT 投影通过网络收集大量资料并展示图片、动画制作、播放影音资料等方式，向学生展示想要表达的内容。班主任可以利用自己的 QQ 空间、博客或微博，通过文字、图片、视频、音乐等形式，就学生教育管理中的问题抒发情感、表达内心，得到学生及家长的关注和回应。另外，近年来快速兴起和流行起来的手机微信语音功能，在班主任教育管理实践过程中发挥了很好的作用。在实际工作中，这种语音短信的发布功能，因其不同于传统的文字信息形式，受到了很多学生的关注和喜爱。

3. 沟通活动的延续性

在网络环境下，各种信息传递和沟通工具在班主任教育管理工作中的有效应用，可以打破教育管理的地域限制。例如，在家访或与家长面谈后，教师与家长通过手机短信、QQ 等工具进一步跟进和深入，对于面谈时没能说清或展开的问题，通过网络媒体工具开展深入的探讨和交流，便于教育管理方案的制订和实施，及时解决学生出现的问题甚至对学生可能出现的问题进行预防。而上述手机微信的语音信息交流功能，可以使学生进行非即时对话交流，既避免了因学生上课期间不便接听电话的问题，又可以让学生通过语音更为便捷生动地开展课后沟通。对此，班主任和学生家长应当充分利用新型的网络信息沟通工具，及时有效地关注及介入学生交流，以便教师和家长对学生给予正确的教育和指导。

另外，网络环境下各种信息传递和沟通工具的快捷有效性在班级日常教育管理过程中也得到了很好的体现。班主任通过网络信息工具发出的通知或有关要求，可以得到学生及其家长快速及时的回应，便于教师对有关情况进行了解和掌握，同时也可以通过家长的回应及时对学生及其家庭情况进行了解。

(二)网络环境对现代班级管理的有利影响

现代方便、快捷的网络环境和信息技术，极大地开阔了学生的学习视野，网络资源以其丰富多彩的涵盖内容，给喜爱新鲜事物的学生以极大的吸引力，同时给当今学生的教育管理也带来诸多好处。

1. 改善学生学习环境，激发学生的学习兴趣

现代教学设备的更新配套和新一代教师对多媒体等新兴教学技术、新时代教学理念的掌握，使得课堂教育、教学模式表现为不仅仅是粉笔、黑板和简单的模型教具及简单的师生问答。网络及信息技术环境下的课堂，越来越多地会被学生更乐意接受的

图片、影音教学内容和参与性的师生互动等教学形式所取代。从一定程度上避免了传统教学内容和模式的枯燥乏味，增强了学生在课堂上的学习兴趣，提高了学生课堂教育活动的参与度。

2. 进一步拓展学生的学习和教育空间

现代教育教学，因为网络及信息技术的不断发展，特别是师生及学校与学生家庭的沟通方式及信息平台的搭建和功能的不断完善，使得学校、教师对学生的教育行为不仅局限在有限的上学时间和有形的校园环境内。通过校信通、家校通、飞信以及现在越来越流行的班级 QQ 群、微信等信息交流工具，教师可以在放学后及课余时间对学生进行教育、指导及咨询。绝大多数学生也愿意接受并喜欢通过这些新的形式与教师进行联系和沟通，从而扩展教育的时间和空间范围。

3. 开拓学习视野，提高教育效果

网络环境下的互联网存储了数量和规模巨大的学习资源和教学信息。在教师的指导和帮助下，学生可以通过电脑、手机等网络终端，比较容易地获取与课堂学习内容相关的拓展性学习资源，使学生的学习视野不仅局限于课本中涉及的内容，从而开阔学生的眼界，增强知识对学生的吸引力，提高课堂教学教育效果。

4. 减轻班主任工作负担，提高班主任工作效率

随着信息技术的不断发展，班主任可以用计算机来处理一些烦琐的班务工作。学生班主任的教育管理工作内容复杂，其中教育内容的收集与整理、活动资料的记录整理存档等，耗去了班主任大量宝贵时间。而现代网络信息环境下，手机短信、校信通、QQ 群、微信等网络信息传输工具自身具有的信息存储、记忆功能，可以为班主任管理行为留下相对细致完备的记录，克服了传统的面对面对话式的引导和教育难以进行同步记录的缺点。因此，网络信息环境下的班主任工作会使处理各种复杂的事务变得相对简单、便捷，很大程度上减少了班主任的工作量，节省了时间和体力，大大提升了班主任工作的效率。

5. 进一步增进教师与学生及学生与家长的沟通和交流

网络环境下的多种形式沟通方式和交流平台，能够一定程度上减轻学生直面班主任的心理压力，即使胆小、内向或害羞的学生也可以通过网络信息沟通工具实现与教师的交流，特别是在网络环境中交流双方身份的隐蔽性，可以使受教育者说出自己的真实想法和观点，可以让更多的学生敞开心扉，让班主任更为全面地了解学生的想法，使学生的心理健康和思想教育工作走向多元化，成为解决班级管理问题的新钥匙。此外，建立在网络信息环境下的多种交流平台，可以在教师与学生家长之间建立更为完善的联系形式。教师与家长及学生与家长之间除了常规的电话直接联系外，还可以通过校信通、QQ 群和微博等形式，就学生的教育培养问题交换意见、心得和体会，甚至开展更深层次的探讨和研究。

（三）网络环境对现代学生的不良影响

与其他现代化先进技术手段一样，网络和信息技术环境同样也是一把"双刃剑"，它在带来诸多便利和好处的同时，也会大大分散正值学习成长阶段的学生的注意力，而青少年由于生理、心理的不成熟，自制力相对较差，过多接触手机、电脑，难免会沉迷网络，耽误学业，这也会在学生及其班级的教育管理方面造成一些不良影响。

第一，过多地通过手机、电脑等接触海量网络资源，过多地占用学习和活动时间，使学生难于将有限的注意力放在对书本知识的学习中，容易造成学生对传统书本上的文化知识的抵触和厌烦心理。

第二，对于缺乏自制力的中职学生，如果放松对其日常的监督和管理，放任其长期沉迷于电脑、手机网络信息资源中，使不少学生无克制地花费大量学习时间，沉溺于单纯的网络娱乐性游戏，无法从中自拔，从而嗜网络成瘾。

第三，过多地沉迷于网络信息环境中，使得学生减少参加户外活动的时间，长期久居室内，学生因缺乏运动而出现身材肥胖、眼睛近视及提前出现颈椎、腰椎病症等健康问题。

第四，长时间沉迷于电脑、手机网络环境的青少年，由于长期独自一人"宅"在家里，容易导致因缺乏与他人直接面对面的沟通和协作，而造成自闭及沟通障碍，甚至造成精神和心理方面的障碍。

第五，很多网络信息资源特别是电脑及手机游戏类资源，为了吸引更多的青少年游戏玩家参与其中，会在资源中渗透暴力、色情等元素，一些非主流的以及消极的思想会对缺乏判断力的学生的心智产生不良影响，进而影响其正确的人生观、世界观和价值观的形成。

在现代网络技术和通信工具的武装下的现代班级管理工作，既是对传统条件下学生教育、管理工作的继承和发展，同时也是对传统的管理教育方式的有益补充和开拓创新，对现代班级管理工作理念也有了更新和推进。合理有效利用这一工具，同时高度注意和规避它同步带来的不利影响因素，积极对不利影响给予有效干预和改变，一定会使班主任、学生和家长的沟通、交流更为及时、便捷，也为家长、学生和教师紧密合作提供巨大帮助。

三、网络环境下班级管理面临的机遇

新形势下的网络及信息化环境的班级管理方法和媒介，为教师特别是班主任对学生的教育提供了多种形式而且更加开放、民主的管理模式，也为班主任在进行学生教育、班级管理过程中提出了新的课题，需要我们随着时代和技术的发展提出新的更为有效的方法。

（一）校信通、家校通等移动信息平台的应用进一步加强了教师与家长以及学校与家长的联系和沟通

由于移动通信运营商对中学短信平台的介入和推动，校信通、家校通等形式的通过电脑网络平台操作的信息平台在很多地区得以快速拓展铺开。这种将电脑网络和手机短信连接起来的形式，以其一对多的信息传达形式和方便快捷的传输方式，很快为学校教师特别是班主任和广大学生家长所接受和认可。通过这一信息传递平台，班主任可以方便快捷地将当天学生的家庭作业，第二天学校、班级所做的要求及学生当日在学校的表现传递给家长。家长可以通过这一平台随时知晓子女在校的基本情况、当日作业情况及学校的有关要求，并根据学生情况很快地通过这一平台向班主任反馈诸如学生作业情况、思想情绪等相关信息，从而畅通了班主任与家长的沟通路径，进一步加强了家长与班主任的交流和沟通，密切了家校间的联系。

（二）QQ群、飞信等移动电脑网络（及移动网络）终端，创造了班主任与学生家长之间交流互动的平台

新兴的即时通信网络交流工具，使教师与学生及其家长在一个更为平等的平台进行沟通，拉近了师生之间的思想距离，也使得一些最新、最真实的信息可以通过这一方式得到最快速、最广泛的传达。教师完全可以利用学生对新鲜事物的好奇心和追求先进、时尚的心理，将这一沟通工具合理应用于对学生和班级的日常管理中，如第一时间传达学校的有关通知和规定、日常作业的指导、有关学习资料的分享，等等。

（三）班主任及家长的博客、微博成为很好的信息发布、分享渠道

班主任、家长博客、微博等个人信息载体的开通，既是班主任、家长对日常工作生活情况的记录、内心世界的记载，同时也是班主任与家长交换思想、深入沟通的良好媒介。通过这一平台，双方可以将当面或是电话里不便言表的内容表达出来，达到进一步增进了解、加强沟通，共同研究探讨如何在新的形势、新的环境中共同培育好新生一代的目的。

四、网络环境下班级管理存在的问题

（一）优越的物质条件下如何引导学生正确合理地利用现代先进科技成果

目前，在我国经济快速健康发展的大背景下，网络信息环境几乎已经成为许多家庭生活中的一部分，网络信息技术的丰硕成果和快速普及对他们有着不可忽视的影响。如何引导学生合理分配学习、娱乐时间，如何正确利用网络技术等现代先进科技成果是我们要注意的问题。

（二）如何有效地教育引导学生专注于学习活动

便利的网络和信息化环境，特别是畅通的信息交流给我们的生活、学习、工作带来了巨大的便利。与此同时，也因其自由、便利、巨大的吸引力和随时随地的特点，容易分散仍以学习为主要任务的学生的注意力和精力。因此，如何实现与学生及其家长进行有效的交流和沟通，将学生的注意力从电脑屏幕前拉回到教室黑板前，如何让学生把注意力集中到专业教育中来，成为我们必须要考虑的事情。

（三）如何辅导和帮助学生在网络环境中形成正确、健康的人生观、世界观和价值观

丰富多彩的网络资源中存在的游戏、暴力、色情、虚假信息等，会对心理、生理没有发育成熟的学生的身心产生巨大的伤害，如不及时加以引导和干预，很容易在学生中诱发各种问题。帮助学生在网络环境中把握正确的人生航向，形成正确、健康的人生观、世界观和价值观也是班主任必须思考的问题。

五、网络环境下的班级管理对策

以上提出的有关问题，给班主任提出了较高的要求，不仅要在学校、课堂上更好地利用网络信息工具，挑选有益于学生身心健康的资源，对学生进行有效的教育管理，还要在课余、课后时间积极主动地关心和爱护学生，了解学生的心理，善于疏导，增强学生明辨是非的能力，给予学生切实有效的正确指导。

当前的网络环境，各种思想潮流层出不穷，网络伴随着各种现代化的终端产品融入了学生生活的方方面面，学生已经早早地融入网络的大环境。作为班主任，在利用网络工具帮助学生进一步认识和发现世界的同时，更应该主动要求全体学生正确认识网络及其内容包含的各方面信息。当然可以利用传统的班会形式，也可以通过班级网页或博客以更生动易懂的图文并茂的形式，让全体学生准确地认识网络现象，合理利用网络资源，正确使用网络工具。通过真实生动的事例，把过度沉迷网络，特别是大家普遍喜爱的网络游戏，自我约束力差、不能自拔以致荒废学业最终走上犯罪道路的故事讲给学生听，使学生们深刻感受沉溺网络的危害。同时，还应给学生更多的正向引导，同样以真实事例讲述如何合理利用网络工具，帮助学生学习各种有益于社会的知识，更多地传递正能量。

此外，教师特别是班主任要充分利用网络信息传递工具如个人微博、博客、QQ等信息平台，通过发表个人心得、转载相关图片等形式，进行网络学习方法、学习参考资料传递，优秀先进人物宣传和优秀学生事迹宣传，形成健康向上的网络学习的文化氛围，对学生进行全方位的教育引导，同家长开展全方位的交流。同时，还可以结合班会活动，引导学生就文明上网和如何正确使用网络资源等内容开展主题班会活动。通过活动，要让学生们认识到，要合理安排学习与网络娱乐时间，善于利用网络资源开展网上学习，不浏览不良信息；诚实交友，不侮辱欺诈他人，合理利用网络工具，争做绿色、文明上网"小卫士"。

当前，在这个高度信息化的网络时代，网络生活正在逐渐成为学生生活的重要部分。在网络环境中，学生获得知识和信息的途径不仅限于教师和书本；学习的场所不仅限于班级、学校和家庭，学校围墙无法阻隔网络对每一位学生的影响和渗透，学生随时随地可以从互联网上收集和检索各方面的知识，了解各方面的信息。作为置身于网络环境下的班主任，要在不断更新教育管理观念的同时，注重树立现代开放、互动的教育观念和以学生为中心、尊重学生、爱护学生的育人理念。要与时俱进，积极迎接网络时代给班主任工作带来的巨大冲击与挑战，充分利用网络的特点，根据变化了的客观条件不断优化面向学生和班级的教育管理环境，将网络工具切实应用于学生的全方位教育和班级的全面管理中去，努力探索和构建适应网络时代特点的班主任教育管理工作的新模式。

第二节　现代学徒制模式下的班级管理

在校企合作、工学结合的人才培养模式下，中职学生管理工作出现了新的局面和新的问题。研究现代学徒制模式下的中职学生管理工作，具有十分重要的意义。

一、现代学徒制的内涵与特征

现代学徒制在传统学徒制的基础上，融合现代学校职业教育，有效地帮助受教育者学习知识、训练技能、积累工作经验和养成职业态度，培养适应现代经济社会发展需求的技能型人才，其本质是工学结合、知行合一。

现代学徒制作为职业教育积极探索产教融合、校企合作和深化工学结合人才培养模式改革的新举措，特征十分显著。它以就业为导向，校企双方共同承担培养技能型劳动者的责任，学生既要接受学校教师传授的专业基础知识，又要接受企业师傅的技术训练。现代学徒制实行"招生即招工、入校即入厂、校企联合培养"的人才培养模式，以及"弹性"学制、"柔性"管理，并与国家职业资格证书体系相融合。

二、现代学徒制模式下中职学生管理工作面临的新局面

(一)教育主体的改变

在现代学徒制模式下，产教融合、工学结合使得中等职业教育的教育主体发生了变化，以前只是学校教师担任教育者，而现在学校教师和企业师傅一起担任教育者。这一转变也使得学生管理工作在管理者层面上发生了变化，这就要求校企双方在学生管理工作中密切配合，相互沟通与交流，共同为学生提供教育和管理服务。

（二）学生身份的改变

传统教育模式下，学生的身份是唯一的。而现代学徒制模式下的学生却拥有双重身份：在学校是学生，接受学校教师的教育和管理；在企业是学徒，接受企业师傅的技术训练。双重身份使得学生可能产生对企业环境的不适应和相应的心理问题。此时，中职学校学生管理工作者应对学生进行恰当的心理辅导。

（三）教学地点和时间的改变

在现代学徒制模式下，学生的受教育环境由原先的校园环境转变为一定时期内的企业环境。面对两种截然不同的环境，学生可能会在心理上产生抵触情绪。学生由于对企业不适应而产生的众多新想法和矛盾心理，对现代学徒制下的中职学生管理工作提出了新要求。

（四）教学内容和方法的改变

传统中等职业教育的教学内容和教学方法是建立在理论知识和课堂教学基础之上的。现代学徒制模式下，学生在企业接受岗位技能训练，这一训练以实际操作为主，并且内容和方式不断变化。因此，学生要根据不同的教学内容和教学方法，不断调整学习方式，提高学习效率。

三、现代学徒制模式下中职学生管理工作的新路径

（一）完善规章制度，转变管理思路

1. 完善相关规章制度

现代学徒制这一校企合作、工学结合的人才培养模式，不但要求校企双方共同承担培养技能型劳动者的责任，而且要求校企双方共同担负管理学生（学徒）的责任。而建立和完善相关规章制度是现代学徒制模式下中职学生管理工作的前提和必要条件。学校应当建立专门的辅导员制度，对学生进行思想政治、职业道德和社会责任感以及劳动纪律、生产安全、自救自护、心理健康等方面的教育；建立健全学生工作管理制度，设立专门的学生工作管理机构，建立学生管理档案，定期对学生情况进行检查，处理学生在企业中出现的有关问题，确保现代学徒制正常、有序地开展；在明确学校、企业和学生家长的责任、权利和义务的基础上，建立三方信息通报制度，做好管理工作，保证学生（学徒）工作健康、有效地开展。

2. 转变教育管理思路

新模式与新问题要求学生管理工作者转变教育管理思路，摒弃过去只注重理论知识传授而忽略实践锻炼的封闭式教育和管理模式，树立校企合作的协同理念和开放意识。要坚持"以生为本"，着力培养学生在现代学徒制模式下自信、自立和自强的态度，

努力提升学生自我教育和自我管理以及自我服务的能力；要树立为学生"动态服务"的理念，无论是在学校、教室，还是在企业、车间，都对学生提供思想上的疏导和心理上的咨询等服务；要与企业密切协作，努力解决现代学徒制模式下人才培养过程中碰到的一系列问题。

(二)借助现代学徒制，对学生进行综合素质教育

1. 职业素质教育

现代学徒制是中职学校贯彻校企合作、工学结合的重要手段，也是对中职学生实施职业素质教育的重要途径。现代企业需要的人才不仅要掌握技术技能、专业知识，而且要具备职业道德和职业素养，以爱岗敬业和诚实守信为内容的职业素质教育不可或缺。学校和企业双方应当密切合作，一方面，学校可以邀请优秀的企业管理人员来校，以讲座或者企业生产与经营情景模拟的形式，对学生进行岗前职业礼仪和职业道德的培训；另一方面，校企双方可以充分利用学生在企业生产第一线与企业员工和师傅面对面接触与交流的机会，对学生进行职业技能和职业精神的融合培养。

2. 法制教育

学校和企业双方必须坚持依法管理，严格遵守高等职业教育校企合作的相关规定和政府针对教育培训等方面制定的法律、法规。同时，学生也应当按照现代学徒制工作条例和规定行使自身的权利，提高自我保护能力，依法维护自身合法权益，落实责任保险和工伤保险等相关保险。在实施现代学徒制过程中，对于学生违反管理办法和阻碍现代学徒制试点工作有效开展的行为，学校和企业有责任对其进行批评和教育，并组织一定课时的法规学习，提升学生的法律意识；对严重违规违纪行为应当及时处理，优化中职学校现代学徒制人才培养环境，为现代学徒制的可持续发展铺平道路。

3. 劳动安全教育

在实践现代学徒制人才培养的过程中，校企双方必须按照国家相关规定，对学生进行岗前劳动安全教育，避免学生因为安全意识淡薄而导致意外事故的发生，确保学生的人身安全。因此，中职学校学生工作管理者和企业师傅或者实践指导教师，在学生进行实践之前，必须对学生进行安全知识教育，提高学生自我防护和自我救助的能力，确保中职学校现代学徒制人才培养工作的有效开展。

4. 心理健康教育

教育主体、学生身份、教学地点和时间、教学内容和方法的改变，可能使学生在上岗前或者在学徒期间产生多种不适应，甚至产生对现代学徒制人才培养模式的抵触情绪。针对这些情况，学生管理工作者必须在学生上岗前，对学生进行职业道德、职业精神以及企业文化的教育，同时加强学生的心理健康教育；在学生上岗过程中，学生管理工作者在密切联系企业师傅、及时了解学生的心理动向的同时，充分利用QQ、微信和微博等网络通信方式，适时关注、疏导学生的心理问题，对确实存在心理问题的学生要长期关注、时时关心，并面对面地给予心理辅导，保证每个学生都能很快适应现代学徒制人才培养模式。

（三）发挥企业作用，对学生进行企业文化熏陶

企业文化通常指一个企业呈现的包括价值观念、企业精神、行为规范、道德标准和企业制度等的特有的文化现象，其核心内容是价值观念和企业精神。

在企业这一新的学习环境中，在师傅传授技术的同时，其修养与人格也在潜移默化地影响着学生；企业内部员工对待工作的责任心与积极性，员工之间的和谐温馨，以及他们在工作中表现出的良性竞争，同样感染着学生，让学生自然而然地接受企业文化。因此，在实施现代学徒制的过程中，应当充分发挥企业的作用，对学生进行企业文化熏陶，为学生职业生涯的健康发展打下良好的基础。

（四）充分发挥学生党员和学生干部的作用，引导学生进行自我管理

在现代学徒制模式下，学生进入企业后，思想松散，加之学生散布在不同的企业和岗位，使得学生管理工作比在学校时困难得多。对此，学生工作管理者应当充分调动学生党员和学生干部的积极性，充分发挥他们的作用。学生党员和学生干部要及时反馈学生在学徒过程中出现的种种变化，并以身作则，带领学生进行自我教育、自我管理和自我服务，为现代学徒制人才培养工作的顺利开展发光发热。

（五）充分利用网络，创建现代学徒制学生管理工作平台

学生进入企业后在思想上和心理上产生的波动与变化，以及绝大多数学生不能经常回校的情况，使得学生管理工作变得非常困难。网络技术的发展，不但使学生工作管理者可以密切关注学生在 QQ、微信和微博上的动态，及时了解学生的思想状况，增强与学生的交流和沟通，而且使学校和企业双方以"以学校为主、以企业为辅"的方式共同创建学生（学徒）管理工作交流平台，充分发挥网络的导向功能、预测预防功能以及育人功能。通过开设学徒心得、心理服务、学徒标兵、校企在线和校企文化互动等板块，及时了解学生（学徒）的学习状况、工作状态和生活情况，并及时帮助他们解决困难，积极引导学生（学徒）认真学习，快乐工作，愉快生活，实现现代学徒制人才培养的目标。

面对现代学徒制实施过程中中职学生管理工作出现的新问题和新困难，中职学生管理工作者必须转变教育管理思路，充分发挥学生党员和学生干部的模范、表率作用，充分利用现代网络通信技术，借助现代学徒制人才培养模式，对学生进行综合素质教育，创新学生管理工作方法，确保现代学徒制人才培养目标的实现，真正实现校企一体化育人。

附　录　相关政策制度

附录1　国务院关于加快发展现代职业教育的决定

国发〔2014〕19号

各省、自治区、直辖市人民政府，国务院各部委、各直属机构：

近年来，我国职业教育事业快速发展，体系建设稳步推进，培养培训了大批中高级技能型人才，为提高劳动者素质、推动经济社会发展和促进就业做出了重要贡献。同时也要看到，当前职业教育还不能完全适应经济社会发展的需要，结构不尽合理，质量有待提高，办学条件薄弱，体制机制不畅。加快发展现代职业教育，是党中央、国务院作出的重大战略部署，对于深入实施创新驱动发展战略，创造更大人才红利，加快转方式、调结构、促升级具有十分重要的意义。现就加快发展现代职业教育作出以下决定。

一、总体要求

（一）指导思想。以邓小平理论、"三个代表"重要思想、科学发展观为指导，坚持以立德树人为根本，以服务发展为宗旨，以促进就业为导向，适应技术进步和生产方式变革以及社会公共服务的需要，深化体制机制改革，统筹发挥好政府和市场的作用，加快现代职业教育体系建设，深化产教融合、校企合作，培养数以亿计的高素质劳动者和技术技能人才。

（二）基本原则。

——政府推动、市场引导。发挥好政府保基本、促公平作用，着力营造制度环境、制定发展规划、改善基本办学条件、加强规范管理和监督指导等。充分发挥市场机制作用，引导社会力量参与办学，扩大优质教育资源，激发学校发展活力，促进职业教育与社会需求紧密对接。

　　——加强统筹、分类指导。牢固确立职业教育在国家人才培养体系中的重要位置，统筹发展各级各类职业教育，坚持学校教育和职业培训并举。强化省级人民政府统筹和部门协调配合，加强行业部门对本部门、本行业职业教育的指导。推动公办与民办职业教育共同发展。

　　——服务需求、就业导向。服务经济社会发展和人的全面发展，推动专业设置与产业需求对接，课程内容与职业标准对接，教学过程与生产过程对接，毕业证书与职业资格证书对接，职业教育与终身学习对接。重点提高青年就业能力。

　　——产教融合、特色办学。同步规划职业教育与经济社会发展，协调推进人力资源开发与技术进步，推动教育教学改革与产业转型升级衔接配套。突出职业院校办学特色，强化校企协同育人。

　　——系统培养、多样成才。推进中等和高等职业教育紧密衔接，发挥中等职业教育在发展现代职业教育中的基础性作用，发挥高等职业教育在优化高等教育结构中的重要作用。加强职业教育与普通教育沟通，为学生多样化选择、多路径成才搭建"立交桥"。

　　（三）目标任务。到2020年，形成适应发展需求、产教深度融合、中职高职衔接、职业教育与普通教育相互沟通，体现终身教育理念，具有中国特色、世界水平的现代职业教育体系。

　　——结构规模更加合理。总体保持中等职业学校和普通高中招生规模大体相当，高等职业教育规模占高等教育的一半以上，总体教育结构更加合理。到2020年，中等职业教育在校生达到2350万人，专科层次职业教育在校生达到1480万人，接受本科层次职业教育的学生达到一定规模。从业人员继续教育达到3.5亿人次。

　　——院校布局和专业设置更加适应经济社会需求。调整完善职业院校区域布局，科学合理设置专业，健全专业随产业发展动态调整的机制，重点提升面向现代农业、先进制造业、现代服务业、战略性新兴产业和社会管理、生态文明建设等领域的人才培养能力。

　　——职业院校办学水平普遍提高。各类专业的人才培养水平大幅提升，办学条件明显改善，实训设备配置水平与技术进步要求更加适应，现代信息技术广泛应用。专兼结合的"双师型"教师队伍建设进展显著。建成一批世界一流的职业院校和骨干专业，形成具有国际竞争力的人才培养高地。

　　——发展环境更加优化。现代职业教育制度基本建立，政策法规更加健全，相关标准更加科学规范，监管机制更加完善。引导和鼓励社会力量参与的政策更加健全。全社会人才观念显著改善，支持和参与职业教育的氛围更加浓厚。

二、加快构建现代职业教育体系

　　（四）巩固提高中等职业教育发展水平。各地要统筹做好中等职业学校和普通高中招生工作，落实好职普招生大体相当的要求，加快普及高中阶段教育。鼓励优质学校通过兼并、托管、合作办学等形式，整合办学资源，优化中等职业教育布局结构。推进县级职教中心等中等职业学校与城市院校、科研机构对口合作，实施学历教育、技术推广、扶贫开发、劳动力转移培训和社会生活教育。在保障学生技术技能培养质量的基础上，加强文化基础教育，实现就业有能力、升学有基础。有条件的普通高中要适当增加职业技术教育内容。

（五）创新发展高等职业教育。专科高等职业院校要密切产学研合作，培养服务区域发展的技术技能人才，重点服务企业特别是中小微企业的技术研发和产品升级，加强社区教育和终身学习服务。探索发展本科层次职业教育。建立以职业需求为导向、以实践能力培养为重点、以产学结合为途径的专业学位研究生培养模式。研究建立符合职业教育特点的学位制度。原则上中等职业学校不升格为或并入高等职业院校，专科高等职业院校不升格为或并入本科高等学校，形成定位清晰、科学合理的职业教育层次结构。

（六）引导普通本科高等学校转型发展。采取试点推动、示范引领等方式，引导一批普通本科高等学校向应用技术类型高等学校转型，重点举办本科职业教育。独立学院转设为独立设置高等学校时，鼓励其定位为应用技术类型高等学校。建立高等学校分类体系，实行分类管理，加快建立分类设置、评价、指导、拨款制度。招生、投入等政策措施向应用技术类型高等学校倾斜。

（七）完善职业教育人才多样化成长渠道。健全"文化素质＋职业技能"、单独招生、综合评价招生和技能拔尖人才免试等考试招生办法，为学生接受不同层次高等职业教育提供多种机会。在学前教育、护理、健康服务、社区服务等领域，健全对初中毕业生实行中高职贯通培养的考试招生办法。适度提高专科高等职业院校招收中等职业学校毕业生的比例、本科高等学校招收职业院校毕业生的比例。逐步扩大高等职业院校招收有实践经历人员的比例。建立学分积累与转换制度，推进学习成果互认衔接。

（八）积极发展多种形式的继续教育。建立有利于全体劳动者接受职业教育和培训的灵活学习制度，服务全民学习、终身学习，推进学习型社会建设。面向未升学初高中毕业生、残疾人、失业人员等群体广泛开展职业教育和培训。推进农民继续教育工程，加强涉农专业、课程和教材建设，创新农学结合模式。推动一批县（市、区）在农村职业教育和成人教育改革发展方面发挥示范作用。利用职业院校资源广泛开展职工教育培训。重视培养军地两用人才。退役士兵接受职业教育和培训，按照国家有关规定享受优待。

三、激发职业教育办学活力

（九）引导支持社会力量兴办职业教育。创新民办职业教育办学模式，积极支持各类办学主体通过独资、合资、合作等多种形式举办民办职业教育；探索发展股份制、混合所有制职业院校，允许以资本、知识、技术、管理等要素参与办学并享有相应权利。探索公办和社会力量举办的职业院校相互委托管理和购买服务的机制。引导社会力量参与教学过程，共同开发课程和教材等教育资源。社会力量举办的职业院校与公办职业院校具有同等法律地位，依法享受相关教育、财税、土地、金融等政策。健全政府补贴、购买服务、助学贷款、基金奖励、捐资激励等制度，鼓励社会力量参与职业教育办学、管理和评价。

（十）健全企业参与制度。研究制定促进校企合作办学有关法规和激励政策，深化产教融合，鼓励行业和企业举办或参与举办职业教育，发挥企业重要办学主体作用。规模以上企业要有机构或人员组织实施职工教育培训、对接职业院校，设立学生实习和教师实践岗位。企业因接受实习生所实际发生的与取得收入有关的、合理的支出，按现行税收法律规定在计算应纳税所得额时扣除。多种形式支持企业建设兼具生产与教学功能的公共实训基地。对举办职业院校的企业，其办学符合职业教育发展规划要求的，各地可通过政府购买服务等方式给予支持。对职业院校自办的、以服务学生实习实训为主要目的企业或经营活动，按照国家有关规定享受税收等优惠。支持企业通过校企合作共同培养培训人才，不断提升企业价值。企业开展职业教育的情况纳入企业社会责任报告。

（十一）加强行业指导、评价和服务。加强行业指导能力建设，分类制定行业指导政策。通过授权委托、购买服务等方式，把适宜行业组织承担的职责交给行业组织，给予政策支持并强化服务监管。行业组织要履行好发布行业人才需求、推进校企合作、参与指导教育教学、开展质量评价等职责，建立行业人力资源需求预测和就业状况定期发布制度。

（十二）完善现代职业学校制度。扩大职业院校在专业设置和调整、人事管理、教师评聘、收入分配等方面的办学自主权。职业院校要依法制定体现职业教育特色的章程和制度，完善治理结构，提升治理能力。建立学校、行业、企业、社区等共同参与的学校理事会或董事会。制定校长任职资格标准，推进校长聘任制改革和公开选拔试点。坚持和完善中等职业学校校长负责制、公办高等职业院校党委领导下的校长负责制。建立企业经营管理和技术人员与学校领导、骨干教师相互兼职制度。完善体现职业院校办学和管理特点的绩效考核内部分配机制。

（十三）鼓励多元主体组建职业教育集团。研究制定院校、行业、企业、科研机构、社会组织等共同组建职业教育集团的支持政策，发挥职业教育集团在促进教育链和产业链有机融合中的重要作用。鼓励中央企业和行业龙头企业牵头组建职业教育集团。探索组建覆盖全产业链的职业教育集团。健全联席会、董事会、理事会等治理结构和决策机制。开展多元投资主体依法共建职业教育集团的改革试点。

（十四）强化职业教育的技术技能积累作用。制定多方参与的支持政策，推动政府、学校、行业、企业联动，促进技术技能的积累与创新。推动职业院校与行业企业共建技术工艺和产品开发中心、实验实训平台、技能大师工作室等，成为国家技术技能积累与创新的重要载体。职业院校教师和学生拥有知识产权的技术开发、产品设计等成果，可依法依规在企业作价入股。

四、提高人才培养质量

（十五）推进人才培养模式创新。坚持校企合作、工学结合，强化教学、学习、实训相融合的教育教学活动。推行项目教学、案例教学、工作过程导向教学等教学模式。加大实习实训在教学中的比重，创新顶岗实习形式，强化以育人为目标的实习实训考核评价。健全学生实习责任保险制度。积极推进学历证书和职业资格证书"双证书"制度。开展校企联合招生、联合培养的现代学徒制试点，完善支持政策，推进校企一体化育人。开展职业技能竞赛。

（十六）建立健全课程衔接体系。适应经济发展、产业升级和技术进步需要，建立专业教学标准和职业标准联动开发机制。推进专业设置、专业课程内容与职业标准相衔接，推进中等和高等职业教育培养目标、专业设置、教学过程等方面的衔接，形成对接紧密、特色鲜明、动态调整的职业教育课程体系。全面实施素质教育，科学合理设置课程，将职业道德、人文素养教育贯穿培养全过程。

（十七）建设"双师型"教师队伍。完善教师资格标准，实施教师专业标准。健全教师专业技术职务（职称）评聘办法，探索在职业学校设置正高级教师职务（职称）。加强校长培训，实行五年一周期的教师全员培训制度。落实教师企业实践制度。政府要支持学校按照有关规定自主聘请兼职教师。完善企业工程技术人员、高技能人才到职业院校担任专兼职教师的相关政策，兼职教师任教情况应作为其业绩考核评价的重要内容。加强职业技术师范院校建设。推进高水平学校和大中型企业共建"双师型"教师培养培训基地。地方政府要比照普通高中和高等学校，根据职业教育特点核定公办职业院校教职工编制。加强职业教育科研教研队伍建设，提高科研能力和教学研究水平。

（十八）提高信息化水平。构建利用信息化手段扩大优质教育资源覆盖面的有效机制，推进职业教育资源跨区域、跨行业共建共享，逐步实现所有专业的优质数字教育资源全覆盖。支持与专业课程配套的虚拟仿真实训系统开发与应用。推广教学过程与生产过程实时互动的远程教学。加快信息化管理平台建设，加强现代信息技术应用能力培训，将现代信息技术应用能力作为教师评聘考核的重要依据。

（十九）加强国际交流与合作。完善中外合作机制，支持职业院校引进国（境）外高水平专家和优质教育资源，鼓励中外职业院校教师互派、学生互换。实施中外职业院校合作办学项目，探索和规范职业院校到国（境）外办学。推动与中国企业和产品"走出去"相配套的职业教育发展模式，注重培养符合中国企业海外生产经营需求的本土化人才。积极参与制定职业教育国际标准，开发与国际先进标准对接的专业标准和课程体系。提升全国职业院校技能大赛国际影响。

五、提升发展保障水平

(二十)完善经费稳定投入机制。各级人民政府要建立与办学规模和培养要求相适应的财政投入制度，地方人民政府要依法制定并落实职业院校生均经费标准或公用经费标准，改善职业院校基本办学条件。地方教育附加费用于职业教育的比例不低于30%。加大地方人民政府经费统筹力度，发挥好企业职工教育培训经费以及就业经费、扶贫和移民安置资金等各类资金在职业培训中的作用，提高资金使用效益。县级以上人民政府要建立职业教育经费绩效评价制度、审计监督公告制度、预决算公开制度。

(二十一)健全社会力量投入的激励政策。鼓励社会力量捐资、出资兴办职业教育，拓宽办学筹资渠道。通过公益性社会团体或者县级以上人民政府及其部门向职业院校进行捐赠的，其捐赠按照现行税收法律规定在税前扣除。完善财政贴息贷款等政策，健全民办职业院校融资机制。企业要依法履行职工教育培训和足额提取教育培训经费的责任，一般企业按照职工工资总额的1.5%足额提取教育培训经费，从业人员技能要求高、实训耗材多、培训任务重、经济效益较好的企业可按2.5%提取，其中用于一线职工教育培训的比例不低于60%。除国务院财政、税务主管部门另有规定外，企业发生的职工教育经费支出，不超过工资薪金总额2.5%的部分，准予扣除；超过部分，准予在以后纳税年度结转扣除。对不按规定提取和使用教育培训经费并拒不改正的企业，由县级以上地方人民政府依法收取企业应当承担的职业教育经费，统筹用于本地区的职业教育。探索利用国(境)外资金发展职业教育的途径和机制。

(二十二)加强基础能力建设。分类制定中等职业学校、高等职业院校办学标准，到2020年实现基本达标。在整合现有项目的基础上实施现代职业教育质量提升计划，推动各地建立完善的、以促进改革和提高绩效为导向的高等职业院校生均拨款制度，引导高等职业院校深化办学机制和教育教学改革；重点支持中等职业学校改善基本办学条件，开发优质教学资源，提高教师素质；推动建立发达地区和欠发达地区中等职业教育合作办学工作机制。继续实施中等职业教育基础能力建设项目。支持一批本科高等学校转型发展为应用技术类型高等学校。地方人民政府、相关行业部门和大型企业要切实加强所办职业院校基础能力建设，支持一批职业院校争创国际先进水平。

(二十三)完善资助政策体系。进一步健全公平公正、多元投入、规范高效的职业教育国家资助政策。逐步建立职业院校助学金覆盖面和补助标准动态调整机制，加大对农林水地矿油核等专业学科的助学力度。有计划地支持集中连片特殊困难地区内限制开发和禁止开发区初中毕业生到省(区、市)内外经济较发达地区接受职业教育。完善面向农民、农村转移劳动力、在职职工、失业人员、残疾人、退役士兵等接受职业教育和培训的资助补贴政策，积极推行以直补个人为主的支付办法。有关部门和职业院校要切实加强资金管理，严查"双重学籍""虚假学籍"等问题，确保资助资金有效使用。

（二十四）加大对农村和贫困地区职业教育支持力度。服务国家粮食安全保障体系建设，积极发展现代农业职业教育，建立公益性农民培养培训制度，大力培养新型职业农民。在人口集中和产业发展需要的贫困地区建好一批中等职业学校。国家制定奖补政策，支持东部地区职业院校扩大面向中西部地区的招生规模，深化专业建设、课程开发、资源共享、学校管理等合作。加强民族地区职业教育，改善民族地区职业院校办学条件，继续办好内地西藏、新疆中职班，建设一批民族文化传承创新示范专业点。

（二十五）健全就业和用人的保障政策。认真执行就业准入制度，对从事涉及公共安全、人身健康、生命财产安全等特殊工种的劳动者，必须从取得相应学历证书或职业培训合格证书并获得相应职业资格证书的人员中录用。支持在符合条件的职业院校设立职业技能鉴定所(站)，完善职业院校合格毕业生取得相应职业资格证书的办法。各级人民政府要创造平等就业环境，消除城乡、行业、身份、性别等一切影响平等就业的制度障碍和就业歧视；党政机关和企事业单位招用人员不得歧视职业院校毕业生。结合深化收入分配制度改革，促进企业提高技能人才收入水平。鼓励企业建立高技能人才技能职务津贴和特殊岗位津贴制度。

六、加强组织领导

（二十六）落实政府职责。完善分级管理、地方为主、政府统筹、社会参与的管理体制。国务院相关部门要有效运用总体规划、政策引导等手段以及税收金融、财政转移支付等杠杆，加强对职业教育发展的统筹协调和分类指导；地方政府要切实承担主要责任，结合本地实际推进职业教育改革发展，探索解决职业教育发展的难点问题。要加快政府职能转变，减少部门职责交叉和分散，减少对学校教育教学具体事务的干预。充分发挥职业教育工作部门联席会议制度的作用，形成工作合力。

（二十七）强化督导评估。教育督导部门要完善督导评估办法，加强对政府及有关部门履行发展职业教育职责的督导；要落实督导报告公布制度，将督导报告作为对被督导单位及其主要负责人考核奖惩的重要依据。完善职业教育质量评价制度，定期开展职业院校办学水平和专业教学情况评估，实施职业教育质量年度报告制度。注重发挥行业、用人单位作用，积极支持第三方机构开展评估。

（二十八）营造良好环境。推动加快修订职业教育法。按照国家有关规定，研究完善职业教育先进单位和先进个人表彰奖励制度。落实好职业教育科研和教学成果奖励制度，用优秀成果引领职业教育改革创新。研究设立职业教育活动周。大力宣传高素质劳动者和技术技能人才的先进事迹和重要贡献，引导全社会确立尊重劳动、尊重知识、尊重技术、尊重创新的观念，促进形成"崇尚一技之长、不唯学历凭能力"的社会氛围，提高职业教育社会影响力和吸引力。

国务院

2014 年 5 月 2 日

（本文有删减）

附录 2　中等职业学校德育大纲
（2014 年修订）

德育对学生健康成长和学校工作具有重要的导向、动力和保证作用。中等职业学校德育要以马克思列宁主义、毛泽东思想、邓小平理论、"三个代表"重要思想、科学发展观为指导，深入贯彻习近平总书记系列重要讲话精神，全面贯彻党的教育方针，紧密联系实现"两个一百年"奋斗目标和中国梦的实际，遵循学生身心发展的特点和规律，按照培育和践行社会主义核心价值观的要求，坚持以人为本、德育为先、能力为重、全面发展，努力培养德智体美全面发展的社会主义建设者和接班人。

本大纲规定了国家对中等职业学校德育工作和学生德育的基本要求，是中等职业学校开展德育工作的基本规范，是各级教育部门对中等职业学校德育工作实行科学管理和督导评估的基本标准，也是社会和家庭紧密配合学校对学生进行教育的基本依据。

一、德育目标

中等职业学校德育目标是：把学生培养成为爱党爱国、拥有梦想、遵纪守法、具有良好道德品质和文明行为习惯的社会主义合格公民，成为敬业爱岗、诚信友善，具有社会责任感、创新精神和实践能力的高素质劳动者和技术技能人才，成为中国特色社会主义事业合格建设者和可靠接班人。

具体要求如下。

树立实现中国梦的远大理想，牢固树立中国特色社会主义道路自信、理论自信、制度自信，热爱祖国，热爱人民，热爱中国共产党，拥护党的领导。

培育和践行社会主义核心价值观，勤学、修德、明辨、笃实，使社会主义核心价值观成为自己的基本遵循，内化于心，外化于行。养成科学的思想方法。

养成良好的法治意识和文明行为习惯，提高道德素质和法律素质，增强公民意识，依法办事，待人友善。

树立正确的职业观和职业理想，提高综合职业素质和能力，热爱劳动，崇尚实践，奉献社会。

养成自尊、自信、自强、乐群的心理品质，提高心理健康水平和职业心理素质，人格健全，乐观向上。

树立安全意识、环保意识、节俭意识、廉洁意识，珍爱生命，尊重自然。

二、德育内容

以中国特色社会主义理论体系为统领，科学设置教育教学内容。

1. 理想信念教育

中国特色社会主义和中国梦教育；倡导"富强、民主、文明、和谐，自由、平等、公正、法治，爱国、敬业、诚信、友善"的社会主义核心价值观教育；马克思主义哲学教育；立足岗位、奉献社会的职业理想教育。

2. 中国精神教育

以爱国主义为核心的民族精神教育；以改革创新为核心的时代精神教育；中华优秀传统文化教育；中共党史与国情教育。

3. 道德品行教育

社会公德、职业道德、家庭美德、个人品德教育；学生日常行为规范、文明礼仪教育与训练；生命安全、艾滋病预防、毒品预防、环境保护等专题教育。

4. 法治知识教育

宪法法律基础知识教育；职业纪律和岗位规范教育；校纪校规教育。

5. 职业生涯教育

职业精神教育；就业创业准备教育；终身学习和职业生涯可持续发展教育。

6. 心理健康教育

心理健康基本知识和方法教育；青春期心理健康教育；职业心理素质教育；心理咨询、辅导与援助。

除以上各系列教育内容外，学校还要根据国家形势发展需要进行时事政策教育。

三、德育原则

中等职业学校德育要遵循以下基本原则。

1. 方向性和时代性相结合原则

要坚持正确的政治方向和育人导向，紧密结合社会需要和时代发展的要求，增强针对性和实效性。

2. 贴近实际、贴近生活、贴近学生原则

要遵循思想道德教育的普遍规律，尊重学生自我教育的主体性，适应学生身心成长的特点，开展富有成效的教育和引导活动，提高吸引力和感染力。

3. 知行统一原则

要重视知识传授、观念树立，重视情感体验和行为养成，引导学生形成知行统一、言行一致的优良品质。

4. 教育与管理相结合原则

要进行深入细致的思想教育，同时要加强科学严格的管理，增强学生接受教育的主动性，实现教育与自我教育、自律与他律、激励与约束有机结合。

5. 解决思想问题与解决实际问题相结合原则

既要做到以理服人、以情感人，又要切实帮助学生解决学习、生活中遇到的实际困难和问题，增强教育的实际效果。

四、德育途径

学校要充分发挥主导作用，与家庭、社会密切配合，拓宽德育途径，实现全员、全程、全方位育人。

1. 课程教学

德育课是各专业学生必修的公共基础课，是学校德育的主渠道。德育课教学应充分体现社会主义教育的方向和本质要求，充分反映马克思主义中国化的最新成果，全面反映中国特色社会主义理论体系的基本内容、社会主义核心价值观的基本要求。要紧密联系实际，坚持以价值观教育引领知识教育，改进教育教学方法，注重实践教育、体验教育、养成教育，做到知识学习、情感培养和行为养成相统一，切实增强针对性、实效性和时代感。

其他公共基础课和专业技能课等课程教学要结合课程特点，充分挖掘德育因素，有机渗透德育内容，结合专业特点和岗位工作要求，寓德育于教学内容和教学过程之中。

2. 实训实习

实训实习是学校教育教学的基本环节。学校要结合实训实习的特点和内容，抓住中职学生与社会实际、生产实际、岗位实际以及一线劳动者密切接触的时机，进行以敬业爱岗、诚实守信为重点的职业道德教育，进行职业纪律和安全生产教育，培养学生爱劳动、爱劳动人民的情感，增强学生讲安全、守纪律、重质量、求效率的意识。学校和企业要共同组织开展实训实习期间的德育工作，学校要安排专人负责实训实习期间的教学管理和德育工作。学生要撰写实习日记和实习报告。

3. 学校管理

班级是学校德育工作的基层单位，班主任是组织班级管理和德育教育的直接实施者。班主任应结合专业特点和学生实际，充分利用家长、用人单位、行业及社区等资源，开展学生思想教育、班级管理、班级活动组织、职业指导、沟通协调工作，发挥学生的主动性和创造性，培养良好的班风学风。

学校要加强党组织、共青团工作，举办业余党校、团校，组织学生特别是入党、入团积极分子学习党的基本理论和基本知识以及团的基本知识，发展符合条件的优秀学生入党、入团。充分发挥团组织团结青年、组织青年、引导青年、服务青年和维护青少年合法权益的职能。要加强学生会和学生社团的管理与服务工作，指导建立各类社团和课外兴趣小组，积极开展各种有益学生身心健康的活动，充分发挥学生自我服务、自我管理、自我教育的作用。

学校各项管理和服务工作都要发挥德育功能，促进学生良好行为习惯的养成。学校要按照有关法律法规，建立健全学校班级管理、课堂教学、实训实习、社团活动、校园安全、后勤服务、突发事件应急等管理制度并严格执行。要强化全员育人理念，充分调动全体教职工言传身教、教书育人的自觉性，以良好的思想政治素质和道德风范影响和教育学生。

4. 校园文化

校园文化具有重要的育人功能。学校要凝练具有职教特色的办学理念和学校精神，建设体现学校特色的校园文化，形成优良的校风、教风和学风。要结合开学及毕业典礼、升旗仪式、成人仪式、入党入团仪式以及民族传统节日、重要节庆日、纪念日等，开展礼节礼仪教育，开展特色鲜明的主题教育活动；结合技能竞赛、创新创业创意创效竞赛、"文明风采"竞赛等开展丰富多彩的校园文化活动。要积极推进优秀企业文化进校园，通过宣传学习行业劳动模范、学校优秀毕业生事迹等，培养学生的职业兴趣和职业精神，增强就业创业信心。培育和弘扬劳动光荣、技能宝贵、创造伟大的时代风尚。

要加强互联网等新媒体的建设与管理，优化校园网络环境，建设校园网络宣传队伍，加强正面信息的网络传播，杜绝不良信息在校园网上传播，重点加强对校园网公告栏、留言板、贴吧等交互栏目的管理，发挥社交网站、微博、微信等对学生的教育引导作用。要培养学生良好的网络道德，帮助学生做到文明上网、依法上网，及时发现并主动帮助网络成瘾学生。

5. 志愿服务

志愿服务是德育的重要载体。学校要把志愿服务纳入教育计划，要依托各类青少年爱国主义教育基地、科技场馆等课外活动阵地，发挥学生专业技能特长，组织学生深入城乡社区、厂矿企业等，广泛开展各类志愿服务和社会实践活动。要把学雷锋活动和志愿服务结合起来，建立完善志愿服务长效工作机制和活动运行机制，弘扬"奉献、友爱、互助、进步"的志愿精神，推动志愿服务活动广泛深入开展，把志愿服务活动做到社区、做进家庭。大力组织学生向道德模范、劳动模范、最美人物、身边好人等先进典型学习。

6. 职业指导

学校要在职业指导工作中全面渗透德育内容，加强职业意识、职业理想、职业道德和创业教育，引导学生树立正确的择业观，养成良好的职业道德行为，提高就业创业能力。加强就业服务，提高就业服务的水平和质量。

7. 心理辅导

学校要根据学生生理、心理特点，合理设置心理健康教育内容，针对学生在学习、生活和求职就业等方面可能遇到的心理问题，开展心理辅导或援助，加强人文关怀和心理疏导，培养学生良好的心理素质，促进学生身心健康发展。要配置必要的心理健康教育专业人员以及心理健康教育和服务设施。

8. 家庭和社会

家庭和社会在德育中具有特殊重要作用。学校要通过家长委员会、家长学校、家长接待日、家访等，密切与家长联系，指导和改进家庭教育，促使家长协助配合学校开展德育工作。要特别关心单亲家庭、经济困难家庭、留守儿童家庭、流动人口家庭的子女教育。

教育部门和学校应采取积极措施，充分依靠共青团、妇联、关工委、社区以及各种社会团体，并同所在地的党政机关、企事业单位、部队等建立固定联系，发动、协调社会力量支持和参与德育工作，建立完善学校与社会相互协作的社会教育网络。要主动会同有关部门重点加强校园周边环境治理，为学生健康成长创造良好的文化环境、治安环境和社会环境。

五、德育评价

中等职业学校德育评价由学校工作评价和学生品德评定两方面组成。

1. 学校工作评价

各地教育部门应结合本地区教育实际情况，科学制定德育工作评价指标体系，建立健全行业企业、用人单位、学生家长等深度参与的德育评价机制，定期对学校德育工作进行评价。德育工作评价的主要内容包括：工作机构和队伍建设情况、规章制度建设及执行情况、德育课开设情况及课程教学情况、党团组织和学生会工作情况、社会实践活动开展情况、校园文化建设情况、实训实习期间的德育工作情况等。学校实施本大纲的情况应作为考核校长和学校工作的重要依据。

学校要加强对德育课教学质量、其他课程德育渗透、班级德育工作、部门及教职工育人质量的考核评价，把德育工作实绩作为对部门及教职工考核、职务聘任、表彰奖励的重要内容。

评价与创建相结合。通过创建先进学校、文明班级和评选优秀学生、优秀学生干部等活动，形成有效的竞争激励机制。对成绩突出的学校、班级和个人要及时给予表彰奖励。

2. 学生品德评定

要结合学生思想实际和行为表现，对每个学生做出客观公正的品德评定。学校要把学生品德的评定情况作为学生综合素质评价的重要内容，作为学生评优评奖等的重要依据，发挥品德评定对学生成长成才的积极引导作用。学校要结合行业和用人单位对从业者的职业素养要求，在德育方面提出明确要求，制定具体评定办法。对实训实习学生的品德评定应由学校和实训实习单位共同完成。

六、德育实施

1. 组织管理

各地教育部门应有明确的机构负责中等职业学校德育工作。应根据本大纲规定，结合本地区和不同类型学校的实际，制定本大纲实施细则，定期对本大纲的实施情况进行检查。

中等职业学校实行校长负责的德育工作管理体制。学校党组织要发挥政治核心和监督保证作用，支持和协助校长做好德育工作。校长要把德育与其他各项工作结合起来，同部署、同检查、同评估。要有一名校级领导分管德育工作。学校要建立贯彻实施本大纲的岗位责任制及考核奖励办法，明确各部门的育人责任，形成全员、全程、全方位育人格局。

2. 队伍建设

各地教育部门和学校要严格队伍选拔标准，优化队伍结构，制定班主任、德育课教师及其他德育工作者的培养培训规划，切实采取措施解决德育工作者在工作、生活等方面的实际问题，建设一支政治坚定、业务精湛、功能互补的德育工作队伍。要加强班主任队伍建设，选聘好班主任，每班应至少配备一名班主任，可根据需要配备班主任助理，班主任工作计入教师基本工作量，学校绩效工资分配要适当向班主任倾斜，教师高级岗位聘任应向优秀班主任倾斜。要充分发挥学校团组织和团干部在德育工作中的作用。

3. 经费保障

德育经费要列入预算。学校德育经费包括德育教学、管理和学生日常德育活动方面的经费。教学、管理经费包括德育课教学、德育课教师和德育工作者培训、社会考察与调研、有关教研室的业务条件建设和图书资料购置、德育科研经费等。日常德育活动经费包括对学生的日常思想道德教育、学生社会实践、大型德育活动以及表彰奖励等所需经费。要把德育活动场所、基地建设和德育设施、设备购置维修纳入学校总体建设规划，并从基本建设费和设备费中给予保证。

4. 德育科研

各地教育部门和学校要把德育研究项目列入科研规划，加强课题研究，定期开展学生思想道德状况和德育工作调研，交流德育工作经验，不断提高研究和实际工作水平。要发挥教育科研机构和学术团体的作用，加强中等职业学校德育研究。各地教育部门和学校应建立和完善德育研究成果的鉴定、奖励、推广机制。

附录3　教育部 人力资源和社会保障部关于加强中等职业学校班主任工作的意见

教职成〔2010〕14 号

各省、自治区、直辖市教育厅(教委),人力资源和社会保障厅(局),福建省公务员局,各计划单列市教育局、人力资源社会保障(人事、劳动保障)局,新疆生产建设兵团教育局、人事局、劳动保障局:

为深入贯彻《中共中央国务院关于进一步加强和改进未成年人思想道德建设的若干意见》(中发〔2004〕8 号)和《国家中长期教育改革和发展规划纲要(2010—2020 年)》精神,落实教育部等六部门《关于加强和改进中等职业学校学生思想道德教育的意见》(教职成〔2009〕11 号),现就加强中等职业学校班主任工作提出以下意见。

一、充分认识中等职业学校班主任工作的重要性。中等职业学校班主任是中职学生管理工作的主要实施者,是中职学生思想道德教育的骨干力量,是中职学生健康成长的引领者。中等职业学校班主任工作是重要的育人工作,在学校实施教书育人、管理育人、服务育人,沟通学校、家庭和用人单位等方面发挥着重要的作用。加强中等职业学校班主任工作,对于贯彻落实党的教育方针,提高中职学生管理和德育工作水平,促进中等职业教育科学发展,具有十分重要的意义。

二、进一步明确中等职业学校班主任的工作职责。中等职业学校班主任岗位是重要的专业性岗位,班主任要在学校统一领导下,按照学校相关规章制度和培养目标要求,与任课教师和其他有关人员一道,认真履行以下主要工作职责:

——学生思想工作。深入了解分析学生的思想、心理、学习、生活状况,开展思想道德教育,提升学生思想道德品质。针对学生在成长过程中遇到的实际问题,进行教育、引导与援助,帮助学生提高应对挫折、适应岗位、融入社会的能力。

——班级管理工作。组建班委会,制定班级公约和学生自律规范,维护良好的教育教学秩序和生活秩序。客观、公正地做好学生的综合素质评价工作,对学生进行表扬和批评教育,向学校提出奖惩建议。加强安全教育,维护班级和学生安全。

——组织班级活动。指导班委会、团支部开展工作,引导学生参加有利于健康成长的课外兴趣小组、社团活动、文体活动以及志愿者服务等社会实践活动。根据学校培养目标，针对班级特点，开展形式多样的主题班（团）会活动。

——职业指导工作。教育、引导学生树立正确的职业理想和职业观念，形成良好的职业道德，提升职业素养与职业生涯规划能力。指导学生根据社会需要和自身特点选择职业发展方向，顺利实现就业、创业或升学。

——沟通协调工作。全面及时了解学生在家庭和社区的表现，帮助、引导家长和社区配合学校做好学生的教育和管理工作。根据学校安排，组织学生参加实习实训活动，并在学生顶岗实习期间，与实习单位共同做好学生的教育和管理工作。

三、认真做好中等职业学校班主任的配备和选聘工作。每个班级必须配备一名班主任，学校根据需要可以配备助理班主任。助理班主任协助班主任工作。班主任应从本校在职教师中选聘，助理班主任可从本校党政干部、共青团干部、教学辅助人员、退休教师和学校外聘教师中选聘。校长负责班主任和助理班主任的选聘工作。班主任和助理班主任的聘期由学校确定。

四、严格中等职业学校班主任任职资格和条件。中等职业学校班主任应由取得教师资格、思想道德素质好、业务水平高、身心健康、经过相关培训的教师担任。班主任要忠诚党的教育事业，热爱学生，乐于奉献，掌握教育学、心理学、职业指导等方面的基本知识和方法，熟悉相关法律法规，具有较强的教育教学能力、组织管理能力、人际沟通能力和职业指导能力。助理班主任任职资格和条件由各地参照班主任任职资格和条件作出具体规定。

五、保障中等职业学校班主任待遇。学校在教育管理工作中应充分发挥班主任的骨干作用，注重听取班主任意见，营造以从事班主任工作为荣的氛围。要合理安排班主任的教学任务，保证班主任有更多的时间和精力做好班主任工作。进一步发挥工资分配的激励作用，学校内部绩效工资分配要适当向班主任倾斜。教师高级岗位聘用应向优秀班主任倾斜。

六、加强中等职业学校班主任培训。各级教育、人力资源社会保障行政部门要将班主任培训纳入教师全员培训计划，组织开展国家级、省级、地（市）级、县级班主任培训，努力提高他们的思想水平和业务能力，建设一支高水平的班主任队伍。教育部负责对全国中等职业学校班主任培训工作进行宏观指导，教育部、人力资源社会保障部负责对全国中等职业学校班主任培训工作进行协调和质量监控。学校要制订本校班主任培训计划，积极组织本校班主任参加各层次的培训活动。初次担任班主任的教师必须进行岗前培训，做到先培训后上岗。认真执行职业教育教师到企业实践制度，把班主任到企业实践或考察纳入计划，与专业教师到企业实践有机结合，与学生到企业实习有机结合。班主任培训所需经费在教师培训专项经费中列支。

七、加强中等职业学校班主任表彰奖励工作。各级教育行政部门、人力资源社会保障行政部门和中等职业学校要将班主任的表彰奖励纳入教师、教育工作者的表彰奖励体系，对长期从事班主任工作或在班主任工作岗位上做出突出贡献的教师按照国家有关规定予以奖励。

八、加强中等职业学校班主任管理。学校应完善班主任日常管理制度，建立班主任工作档案和考核机制，定期组织对班主任的考核工作。班主任工作考核结果作为教师聘用（聘任）、奖励、工资发放的重要依据。学校选拔管理干部应优先考虑长期从事班主任工作的优秀班主任。对不能履行班主任职责的，应调整其岗位。

九、加强对中等职业学校班主任工作的领导。各地教育行政部门、人力资源社会保障部门落实有关班主任工作的政策保障措施，履行班主任管理工作职责，定期检查学校班主任管理工作，切实维护班主任的合法权益。学校要建立健全班主任工作管理体制和运行机制，学校领导和有关方面负责人要将班主任工作管理纳入职责范围，定期听取班主任工作汇报，研究班主任工作中遇到的新情况、新问题，及时指导班主任工作。要建立健全校园突发事件应急预案，妥善处理班主任在工作中遇到的困难，支持班主任工作。

十、加强中等职业学校班主任工作的科学研究。教育科研机构和学校要加强班主任工作理论研究，提供经费、条件保障，积极探索班主任工作的规律，创新班主任工作方法，提高班主任工作的实效。

各地、各学校可根据本意见，结合本地实际，积极探索班主任工作的新途径、新方式和新方法，制定加强中等职业学校班主任工作的具体实施意见或细则。

中华人民共和国教育部

中华人民共和国人力资源和社会保障部

二〇一〇年九月二十六日

附录4　教育部 中宣部 中央文明办 人力资源和社会保障部 共青团中央 全国妇联关于加强和改进中等职业学校学生思想道德教育的意见

教职成〔2009〕11号

各省、自治区、直辖市教育厅（教委）、党委宣传部、文明办、人力资源和社会保障（人事、劳动保障）厅（局）、团委、妇联，各计划单列市教育局、党委宣传部、文明办、人力资源社会保障局、团委、妇联，新疆生产建设兵团教育局、党委宣传部、文明办、人事局、劳动保障局、团委、妇联：

为深入贯彻落实党的十七大精神和《中共中央国务院关于进一步加强和改进未成年人思想道德建设的若干意见》(中发〔2004〕8 号)，适应新形势、新任务的要求，全面提高中等职业学校学生(以下简称中职学生)思想道德素质，促进中职学生全面发展，现就加强和改进中职学生思想道德教育，提出如下意见：

一、充分认识加强和改进中职学生思想道德教育的重要性和紧迫性

1. 中职学生是我国未成年人的重要组成部分，是我国未来产业大军的重要来源。目前，我国在校中职学生已达到 2000 多万人，他们中的绝大多数毕业后将直接跨进社会，步入职业生涯。他们的思想道德状况如何，直接关系到我国产业大军的素质，关系到国家和民族的未来。党和国家历来高度重视中职学生思想道德教育，与普通中小学学生思想品德教育和大学生思想政治教育整体规划，同步推进。党的十六大以来，以胡锦涛同志为总书记的党中央，进一步重视和加强未成年人的思想道德建设，制定并印发《中共中央国务院关于进一步加强和改进未成年人思想道德建设的若干意见》，明确了新时期新阶段加强未成年人思想道德建设的目标和任务，提出了新要求，进行了新部署。各地、各有关部门，认真贯彻落实中央要求，根据职业教育的实际和中职学生的特点，切实加强和改进中职学生思想道德教育，取得了明显成效。广大中职学生热爱党，热爱祖国，热爱社会主义，拥护改革开放，关心集体、乐于助人，努力学习、钻研技能，积极向上、自强不息，思想道德状况主流积极、健康、向上。同时，也应该清醒地看到，面对国际国内形势深刻变化和新时期新阶段的任务要求，中职学生思想道德教育面临严峻挑战，工作中还存在许多不适应的地方和亟待加强的薄弱环节。

2. 实现中华民族的伟大复兴，需要培养数以亿计的高素质劳动者和数以千万计的高技能专门人才。加强和改进中职学生思想道德教育，提高中职学生思想道德素质，对于全面实施科教兴国战略和人才强国战略，提高劳动者素质，培养中国特色社会主义事业合格建设者和可靠接班人，具有重大而深远的战略意义。我们要从巩固我国人民民主专政国家政权基础，确保中国特色社会主义事业兴旺发达、后继有人的战略高度，从全面建设小康社会和实现中华民族伟大复兴的全局高度，从深入贯彻落实科学发展观，坚持以人为本，促进人的全面发展的高度，充分认识加强和改进中职学生思想道德教育的重要性和紧迫性，积极应对挑战，采取有效措施，开创新时期新阶段中职学生思想道德教育工作的新局面。

二、加强和改进中职学生思想道德教育的指导思想、基本原则和主要任务

3. 加强和改进中职学生思想道德教育的指导思想是：高举中国特色社会主义伟大旗帜，以邓小平理论和"三个代表"重要思想为指导，深入贯彻落实科学发展观，贯彻落实党的十七大和《中共中央国务院关于进一步加强和改进未成年人思想道德建设的若干意见》精神，坚持以人为本，以学生为主体，遵循中职学生身心发展的特点和规律，增强针对性、实效性、时代性和吸引力，努力培育有理想、有道德、有文化、有纪律的，德智体美全面发展的中国特色社会主义事业合格建设者和可靠接班人。

4. 加强和改进中职学生思想道德教育要遵循以下基本原则：(1)方向性与时代性相结合的原则。既要坚持正确的政治方向和育人导向，又要紧密结合时代发展的实际和中职学生的思想状况，增强思想性和时代性。(2)贴近实际、贴近生活、贴近未成年人的原则。既要遵循思想道德教育的普遍规律，又要适应中职学生身心成长的特点，从他们的思想实际和生活实际出发，开展富有成效的教育和引导活动，增强针对性和吸引力。(3)知与行相统一的原则。既要重视知识传授、观念树立，又要重视情感体验和社会实践，引导中职学生自觉遵循道德规范，形成知行统一、言行一致的优良品质。(4)教育与管理相结合的原则。既要进行深入细致的思想教育，又要加强科学严格的管理，实现自律与他律、激励与约束的有机结合。(5)解决思想问题与解决实际问题相结合的原则。既做到以理服人、以情感人，又要切实帮助中职学生解决学习、生活中遇到的实际困难和问题，增强教育的实际效果。

5. 加强和改进中职学生思想道德教育的主要任务是：(1)进行民族精神和时代精神教育。以爱国主义和改革创新教育为重点，开展中华民族优良传统和中国革命传统教育、民族团结教育、形势政策教育，引导中职学生树立民族自尊心、自信心和自豪感，培养改革精神和创新能力。(2)进行理想信念教育。以马克思主义基本观点、中国特色社会主义理论体系为重点，开展中国革命、建设和改革开放的历史教育与国情教育，开展哲学与人生教育、经济政治与社会教育，引导中职学生树立中国特色社会主义共同理想，逐步确立正确的世界观、人生观和价值观。(3)进行道德和法制教育。以职业道德教育为重点，开展公民道德教育、民主法制教育，开展集体主义精神和社会主义人道主义精神教育，引导中职学生树立社会主义荣辱观，养成良好道德品质和文明行为，提高职业道德素质和法律素质。(4)进行热爱劳动、崇尚实践、奉献社会的教育。以就业创业教育为重点，开展职业生涯规划教育和职业指导，引导中职学生树立正确的职业观和职业理想，提高综合职业素质和能力。(5)进行心理健康教育。以培养良好的心理品质为重点，开展心理健康基本知识和方法教育，开展职业心理素质教育，指导中职学生正确认识和处理遇到的心理行为问题，引导中职学生养成自尊、自信、自强、乐群的心理品质，提高心理健康水平和职业心理素质。(6)以珍爱生命、健全人格教育为重点，开展安全教育、预防艾滋病教育、毒品预防教育、环境教育、廉洁教育等专题教育，引导中职学生树立安全意识、环境意识、效率意识、廉洁意识。

三、充分发挥课堂教学和实训实习在中职学生思想道德教育中的主导作用

6. 发挥德育课主渠道作用。中等职业学校德育课是中职学生思想道德教育的主渠道，是各专业学生必修的公共基础课，体现了社会主义教育的方向和本质要求。德育课教学要充分反映马克思主义中国化最新成果，把中国特色社会主义理论体系的基本内容、社会主义核心价值体系的基本要求融入各门课程；充分体现"贴近实际、贴近生活、贴近未成年人"的原则，紧密联系社会实际和中职学生生活，尊重中职学生身心发展规律，注重知识学习和观念形成，更注重情感培养和行为养成；充分突出职业教育的特色，课程设置、教学安排要和职业教育培养模式、教学特点相适应，发挥学生主体作用，突出教学的实践性，注重现代教育手段在教学中的运用。各地各学校要认真贯彻落实《教育部关于中等职业学校德育课课程设置与教学安排的意见》（教职成〔2008〕6号），推进中等职业学校德育课课程改革，进一步增强德育课的针对性、实效性、时代性和吸引力。

7. 发挥其他课程教学的思想道德教育功能。文化课、体育与健康课、艺术课等其他公共基础课教学和专业理论课教学是进行思想道德教育的基本途径。要根据不同课程教学的特点，结合教学内容对中职学生进行爱国主义、社会主义、中国近现代史、基本国情、民族团结的教育；进行科学精神、科学方法、科学态度的教育；进行团结协作和坚忍不拔精神的教育；进行审美观念和审美情趣的教育；进行敬业、乐业和创业精神的教育。各学科教师要认真落实本学科的思想道德教育任务要求，结合各学科特点，寓思想道德教育于各学科教学内容和教学过程之中。各学科的教材、教学大纲和教学评估标准，要坚持正确的思想导向。

8. 发挥实训实习的思想道德教育作用。实训实习是中等职业学校教育教学的重要内容和环节，也是对中职学生实施思想道德教育的重要途径。学校要结合实训实习的特点和内容，抓住中职学生与社会实际、生产实际、岗位实际和一线劳动者密切接触的时机，进行敬业爱岗、诚实守信为重点的职业道德教育，进行职业纪律和安全生产教育，培养中职学生爱劳动、爱劳动人民的情感，增强中职学生讲安全、守纪律、重质量、求效率的意识。要切实加强实训实习管理，在实训实习特别是离校顶岗实习阶段，学校必须安排专门人员参加，与实习单位共同做好对中职学生的思想道德教育和管理工作，绝不能放任自流。

四、努力拓展新形势下中职学生思想道德教育的有效途径

9. 开展校园文化建设和学生社会实践活动。中等职业学校要建设体现社会主义特点、时代特征和职业学校特色的校园文化，形成优良的校风、教风和学风。要开展丰富多彩、积极向上的技能竞赛、体育、艺术和娱乐活动，开展特色鲜明、吸引力强的主题教育活动，寓思想道德教育于校园文化活动之中。重视校园人文环境和自然环境建设，完善校园文化活动设施，坚决抵制各种有害文化和腐朽生活方式对中职学生的侵蚀和影响，禁止在学校传播宗教，营造良好育人环境，建设平安、健康、文明、和谐校园。要以"做一个有道德的人"为主题，组织学生开展中华经典诵读活动，引导他们在家里孝敬父母，在学校尊敬师长，在社会奉献爱心。组织学生参与大中专学生志

愿者暑期"三下乡"社会实践活动、"弘扬和培育民族精神月"宣传教育活动和全国中等职业学校"文明风采"竞赛等活动；定期组织学生参观德育基地，瞻仰革命圣地，祭扫烈士墓，参观名胜古迹；组织学生参加公益活动、志愿服务等社会实践活动，提高中职学生的自我教育能力和社会实践能力。

10. 开展心理健康教育。心理健康教育是中职学生思想道德教育工作的重要组成部分。中等职业学校要坚持以育人为本，根据中职学生生理、心理特点和发展的特殊性，运用心理健康教育的理论和方法，培养中职学生良好的心理素质，促进中职学生身心全面和谐发展。要针对中职学生在成长、学习、生活和求职就业等方面的实际需要和遇到的心理问题进行教学、咨询、辅导和援助，配置必要的心理健康教育设施。加强心理健康教育教师培训。

11. 开展职业指导工作。职业指导是中职学生思想道德教育的重要途径。中等职业学校要把思想道德教育全面融入职业指导工作，加强职业意识、职业理想、职业道德和创业教育，引导学生树立正确的职业观，养成良好的职业道德行为，提高就业创业能力。完善中职学生就业信息服务系统，帮助学生认清就业形势，促进学生顺利就业。

12. 开展深入细致的思想教育工作，切实帮助中职学生解决实际问题。中等职业学校要加强师生之间的联系与沟通，动员全体教师结合中职学生实际，广泛深入开展谈心活动，有针对性地帮助学生处理好学习成才、择业交友、健康生活等方面的具体问题，提高思想认识和精神境界。各地、各学校要按照国家关于中等职业学校家庭经济困难学生资助的有关规定，落实国家助学金、学费减免、勤工助学、校内奖助学金和特殊困难补助等政策，让学生感受到党和国家的温暖，感受到社会的关爱，增强爱党爱国的情感，立志报国，服务社会。

五、高度重视管理和学生自我管理在中职学生思想道德教育中的重要作用

13. 加强学校制度建设，发挥管理育人的作用。地方各级教育行政部门和中等职业学校要按照有关法律法规，建立健全学校班集体、课堂教学、实训实习、社团活动、校园安全、后勤服务等管理制度并严格执行。学校各项工作都要体现思想道德教育要求，明确全体教职员工的育人责任，努力做到教书育人、管理育人、服务育人。建立健全学校安全制度和安全应急机制，制定突发公共安全事件应急预案，完善校园安全联防制度和督促检查制度。严格执行学校突发公共安全事件报告制度，做好预防和处置工作。

14. 加强中职学生日常行为管理，充分发挥班主任工作在中职学生思想道德教育中的作用。严格学校各项纪律，支持教师和管理人员依法依纪行使教育管理职责，强化中职学生纪律意识和规则意识。加强班集体建设，充分发挥班主任在班级日常管理和中职学生思想道德教育中的组织、指导和引导作用，发挥学生干部的作用。制定《中等职业学校学生守则》和日常行为规范。对有不良行为的学生要重点实施帮教，有效预防校园暴力和学生犯罪。

15. 加强共青团、学生会和学生社团工作，发挥中职学生自我管理、自我教育、自我服务作用。中等职业学校团组织要把加强中职学生思想道德教育工作摆在突出位置，切实履行好团结青年、组织青年、引导青年、服务青年和维护青少年合法权益的职能，认真做好优秀青年入团工作，加强学生团校建设，配合党组织办好学生业余党校，做好推荐优秀团员入党工作。学生会和学生社团要在共青团指导下，针对学生特长、专业特点、兴趣爱好开展生动有效的思想道德教育活动。学校要加强对学生会和学生社团的领导和管理，支持和引导学生会和学生社团自主开展活动。

16. 加强校园网络管理，发挥校园网络的育人作用。中等职业学校要加强对校园网站的管理，规范上网内容，充分发挥其思想道德教育的功能。要教育学生自觉遵守网络法规及有关规定，文明上网、依法上网。要遵循网络特点和网上信息传播规律，加强网上正面宣传，为广大中职学生创造良好的网络文化氛围。要密切关注网上动态，了解学生思想状况，加强与学生的沟通与交流。杜绝各种违法有害信息在校园网上传播。要重点加强对校园网电子公告栏、留言板、贴吧、聊天室等交互栏目的管理和监控。对上网成瘾的学生要及时发现，热情帮教。

六、大力加强中职学生思想道德教育工作队伍建设

17. 中等职业学校党政干部和共青团干部、班主任、德育课教师是中职学生思想道德教育工作的骨干力量。学校党政干部和共青团干部负责中职学生思想道德教育的组织、协调和实施；班主任负有在思想、学习和生活等方面指导学生的职责；德育课教师根据课程内容和特点，负责对学生进行思想政治教育、道德法制教育、职业生涯和职业理想教育以及心理健康教育。学校全体教职工都负有对学生进行思想道德教育的重要责任。地方各级教育行政部门和学校要大力加强教师职业道德建设，建立和完善教师职业道德考核奖惩制度。

18. 加强班主任队伍建设。中等职业学校要选聘思想素质好、业务水平高、奉献精神强、身心健康的教师担任班主任，每个班级必须至少配备一名班主任。班主任工作计入教师基本工作量，学校绩效工资分配要适当向班主任倾斜，使他们有时间、有精力、有热情做好班主任工作。要将班主任工作成绩作为教师聘任、职务晋升的重要依据，教师高级岗位聘用应向优秀班主任倾斜。各级教育行政部门及人力资源社会保障行政部门和中等职业学校要将优秀班主任的表彰奖励纳入教师、教育工作者的表彰奖励体系。加强班主任培训，努力提高他们的思想水平和业务能力，建设一支高水平的班主任队伍。

19. 加强学校共青团组织和团干部队伍建设。各级团组织要与有关部门和学校密切配合，切实加强对中等职业学校共青团工作的领导。各级教育行政部门及人力资源社会保障行政部门和中等职业学校要充分发挥团组织和团干部在加强中职学生思想道德教育方面不可替代的作用，把团建工作纳入党建工作的总体格局，建立健全"党建带团建"工作机制，加强对共青团工作的领导。建立健全学校共青团组织，努力实现"校校有团委、班班有团支部"的目标。要配备专职团干部，加强对团干部的选拔、培养和使用，按照有关规定落实团干部待遇。

20. 加强德育课教师队伍建设。中等职业学校德育课教师是学校专职从事德育课教学的专业人员，是中职学生思想道德教育的专门力量。德育课教师除应具备国家法定的教师资格外，还应具有一定的马克思主义理论修养，较丰富的社会科学知识和从事思想道德教育工作的能力。学校要按照德育课设置和教学任务要求配齐配足德育课教师。各级教育行政部门和中等职业学校要高度重视德育课教师培训工作，创造条件不断提高德育课教师思想道德修养和教育教学能力，努力培养造就一批中等职业学校德育特级教师和高级教师。

七、努力营造中职学生思想道德教育工作的良好社会环境

21. 发挥家庭教育在中职学生思想道德教育中的作用。家庭教育在中职学生思想道德教育中具有特殊重要的作用。各级妇联组织、教育行政部门和中等职业学校要切实担负起指导和推进家庭教育的责任。要与社区密切合作，办好家长学校，开展小公民道德建设和"争做合格家长、培养合格人才"家庭教育宣传实践活动，普及家庭教育知识，帮助和引导家长树立正确的家庭教育观念，掌握科学的家庭教育方法，提高科学教育子女的能力，引导家长以良好的思想道德修养为子女作表率。学校要通过家长委员会、家长学校、家长接待日、家访等形式同学生家长建立经常联系，吸收家长参与思想道德教育，促进学校教育与家庭教育的紧密结合。要特别关心单亲家庭、困难家庭、流动人口家庭和灾区家庭的子女教育，为他们提供指导和帮助。

22. 净化社会文化环境，促进中职学生健康成长。各地要按照中央的统一要求，相关部门紧密配合，各负其责，共同做好净化社会文化环境工作。要深入持久开展"扫黄打非"斗争，深入持久开展网络淫秽色情等违法有害信息专项整治，大力净化网吧、网络、荧屏声频、出版物市场。加强校园周边环境治理，禁止在学校周围开办电子游艺室、歌舞厅等娱乐场所，禁止在学校周围200米以内开办网吧和设立彩票投注站点，禁止在学校周围600米以内设立彩票专营场所。宣传、理论、新闻、文艺、出版等方面要坚持弘扬主旋律，为中职学生思想道德教育营造良好的社会舆论氛围，为中职学生提供丰富的精神食粮。各类博物馆、纪念馆、展览馆、烈士陵园等爱国主义教育基地，对中职学生集体参观一律实行免票，对学生个人参观可实行半票。学校要选聘劳动模范、技术能手等担任德育辅导员，发挥各种青少年教育组织和团体在做好中职学生思想道德教育中的作用。

八、切实加强对中职学生思想道德教育工作的组织和领导

23. 加强对中职学生思想道德教育工作的领导。中职学生思想道德教育是未成年人

思想道德教育工作的重要组成部分，各地要把这项工作纳入当地未成年人思想道德建设的整体规划，切实加强领导，形成党委统一领导、党政群齐抓共管、文明委组织协调、有关部门各负其责、全社会积极参与的领导体制和工作机制。教育部负责对中职学生思想道德教育工作统一规划、组织协调、宏观指导和督促检查。地方各级教育行政部门及人力资源社会保障行政部门应有明确的机构和人员，切实负起责任。各有关部门要主动配合，共同做好中职学生思想道德教育工作。要重视和加强民办中等职业学校学生思想道德教育工作。

24. 健全中等职业学校思想道德教育工作领导体制和工作机制。中等职业学校要把学生思想道德教育摆在各项工作的首位，贯穿于教育教学的全过程。实行校长负责的中职学生思想道德教育工作领导体制。党组织要发挥政治核心和监督保证作用，支持和协助校长做好中职学生思想道德教育工作。校长要统一领导中职学生思想道德教育工作，把思想道德教育与学校各项工作结合起来，同时部署，同时检查，同时评估。学校要有一名副校长分管中职学生思想道德教育工作。学校各部门要明确各自责任，密切协作，切实完成相应任务。

25. 完善中职学生思想道德教育的保障机制。加大中职学生思想道德教育工作的经费投入。各级教育行政部门及人力资源社会保障行政部门和中等职业学校要合理确定思想道德教育工作方面的经费投入项目，列入预算，确保各项工作顺利开展。学校要为开展思想道德教育工作提供必要的场所与设备，不断改善条件，优化手段。要把中职学生思想道德教育工作作为办学质量和水平评估的重要指标，纳入中等职业学校评估体系。

26. 加强中职学生思想道德教育的科研与评价工作。各级宣传和教育行政部门要组织专家学者积极开展科学研究，为加强和改进中职学生思想道德教育提供理论支持和决策依据。各地哲学社会科学规划工作领导部门要把中职学生思想道德教育重大问题研究列入规划。各地要把中职学生思想道德教育工作纳入《全国未成年人思想道德建设工作测评体系》，作为精神文明创建活动评选表彰的重要内容，建立健全中职学生思想道德教育工作的督导检查制度和综合评价机制，定期评选表彰思想道德教育工作先进集体和先进个人。

教育部

中宣部

中央文明办

人力资源和社会保障部

共青团中央

全国妇联

二〇〇九年六月二十四日

附录5　教育部关于培育和践行社会主义核心价值观进一步加强中小学德育工作的意见

教基一〔2014〕4号

各省、自治区、直辖市教育厅(教委),新疆生产建设兵团教育局:

社会主义核心价值观是中国特色社会主义的本质体现。培育和践行社会主义核心价值观、加强中小学德育教育是推进中国特色社会主义事业的必然要求,是深化教育领域综合改革、促进学生健康成长的现实选择。为贯彻党的十八大和十八届二中、三中全会精神,落实《中共中央办公厅关于培育和践行社会主义核心价值观的意见》(中办发〔2013〕24号),切实把立德树人作为教育的根本任务,针对当前的新形势新要求,现就培育和践行社会主义核心价值观,进一步增强中小学德育的时代性、规律性、实效性,提出如下意见。

一、充分体现时代性,加强中小学德育的薄弱环节

1. 加强中华优秀传统文化教育。各级教育部门和中小学校要深入开展中华优秀传统文化教育,弘扬以爱国主义为核心的民族精神和以改革创新为核心的时代精神,引导学生增强民族文化自信和价值观自信。要深入浅出地讲清楚中华优秀传统文化的历史渊源、发展脉络、基本走向,让学生逐步明白中华文化的独特创造、价值理念、鲜明特色。要加强中国特色社会主义宣传教育和中国梦主题教育活动,探索形成爱学习、爱劳动、爱祖国教育活动的有效形式和长效机制。改善时事教育,举办中小学时事课堂展示活动,用鲜活事例教育广大学生,引导他们逐步树立中国特色社会主义的道路自信、理论自信、制度自信。尊重学生个性发展,帮助学生树立积极向上的个人理想,引导他们自觉将个人理想与祖国发展紧密联系起来,为个人幸福、社会进步、国家富强而不断成长。

2. 加强公民意识教育。各级教育部门和中小学校要大力开展公民意识教育,培养公民美德,发扬社会公德,增强国家认同,引导广大学生了解公民的基本权利与义务。要认真落实《中小学法制教育指导纲要》,促进学生树立社会主义民主法治、自由平等、公平正义理念,养成遵纪守法、遵守规则意识和行为习惯。认真落实《中小学文明礼仪教育指导纲要》,引导学生养成诚实守信、孝敬感恩、团结友善、文明礼貌的行为习惯。

3. 加强生态文明教育。各级教育部门和中小学校要普遍开展生态文明教育，以节约资源和保护环境为主要内容，引导学生养成勤俭节约、低碳环保的行为习惯，形成健康文明的生活方式。要深入推进节粮节水节电活动，持续开展"光盘行动"。加强大气、土地、水、粮食等资源的基本国情教育，组织学生开展调查体验活动，参与环境保护宣传，使他们认识到环境污染的危害性，增强保护环境的自觉性。加强海洋知识和海洋生态保护宣传教育，引导学生树立现代海洋观念。

4. 加强心理健康教育。各级教育部门和中小学校要认真落实《中小学心理健康教育指导纲要(2012年修订)》，全面推进心理健康教育。加强制度建设，建立健全心理健康教育的各项规章制度，规范和促进学校心理健康教育工作。加强课程建设，保证心理健康教育时间，合理安排教育内容，创新活动形式，科学有效开展心理健康教育。加强场所建设，有条件的学校要设立中小学心理辅导室，保证心理健康教育必要的活动空间。加强队伍建设，每所学校至少配备一名专兼职心理健康教育教师，关心其生活条件与专业发展。加强心理健康教育教师专业培训，同时要提高全体教师特别是班主任开展心理健康教育的能力，培养学生积极健康的心理品质。加强生命教育和青春期教育，促进学生身心和谐发展。

5. 加强网络环境下的德育工作。各级教育部门和中小学校要不断探索网络环境下德育工作的有效途径，引导学生正确对待网络虚拟世界，合理使用互联网、手机以及微博、微信等新媒体。加强网络道德教育，引导学生文明上网，树立网络责任意识，增强对不良信息的辨别能力，防止网络沉迷或受到不良影响。加强网络法制教育，培养学生依法使用网络的意识，自觉抵制网络不法行为。加强网络正面引导，推进德育工作信息化建设，充分利用国家教育资源公共服务平台和积极健康的网络教育资源，凝聚广大师生，形成良好互动。鼓励开展积极向上的校园网络文化活动，组织以"中国梦""三爱""三节"为主题的微视频创作展示。

二、准确把握规律性，改进中小学德育的关键载体

6. 改进课程育人。各级教育部门和中小学校要充分发挥课程的德育功能，将社会主义核心价值观的内容和要求细化落实到各学科课程的德育目标之中。加强品德与生活、品德与社会、思想品德、思想政治课程的教育教学。推动学科统筹，特别是加强德育、语文、历史、体育、艺术等课程教学的管理和评价，提升综合育人效果。开发有效的地方课程和学校课程，丰富学校德育资源。开展学科德育精品课程展示活动，引导各学科教师依据课程标准和学生实际情况，设计相应的教学活动，在传授知识和培养能力的同时，将积极的情感、端正的态度、正确的价值观自然融入课程教学全过程。

7. 改进实践育人。各级教育部门和中小学校要广泛开展社会实践活动，充分体现"德育在行动"，要将社会主义核心价值观细化为贴近学生的具体要求，转化为实实在在的行动。要普遍开展以诚实守信、文明礼貌、遵纪守法、勤劳好学、节约环保、团结友爱等为主题的系列行动；组织学生广泛参加"学雷锋"等志愿服务和社会公益活动；教育学生主动承担家务劳动；组织学生在每个学段至少参加 1 次学工学农生产体验劳动，农村学校应普及适当形式的种植或养殖。要广泛利用博物馆、美术馆、科技馆等社会资源，充分发挥各类社会实践基地、青少年活动中心（宫、家、站）等校外活动场所的作用，组织学生定期开展参观体验、专题调查、研学旅行、红色旅游等活动。逐步完善中小学生开展社会实践的体制机制，把学生参加社会实践活动的情况和成效纳入中小学教育质量综合评价和学生综合素质评价。

8. 改进文化育人。各级教育部门和中小学校要挖掘地域历史文化传统，因地制宜开展校园文化建设，将社会主义核心价值观融入校园物质文化、精神文化、制度文化、行为文化之中。要加强图书馆建设，提升藏书质量，开展经常性的读书活动。学校要张贴社会主义核心价值观 24 字或书写上墙，让学生熟练背诵。要利用升国旗、入党入团入队等仪式和重大纪念日、民族传统节日等契机，开展主题教育活动，传播主流价值。要加强校风班风学风建设，组织开展丰富多彩、生动活泼的文艺活动、体育活动、科技活动，支持学生社团活动，充分利用板报、橱窗、走廊、校史陈列室、广播电视网络等设施，营造体现主流意识、时代特征、学校特色的校园文化氛围。

9. 改进管理育人。各级教育部门和中小学校要积极推进学校治理现代化，将社会主义核心价值观的要求贯穿于学校管理制度的每一个细节之中。学生的行为规范管理、班级民主管理和各种面向学生制定的规章制度，都要充分体现友善、平等、和谐。要明确学校各个岗位教职员工的育人责任，把育人要求和岗位职责统一起来，将学生的全面发展作为学校一切工作的出发点和落脚点。要加强班主任培训，提高班主任工作能力，探索推行德育导师制。加强师德建设，落实《教育部关于建立健全中小学师德建设长效机制的意见》，引导广大教师自觉践行社会主义核心价值观，爱岗敬业，教书育人，做学生健康成长的指导者和引路人。

三、大力增强实效性，夯实中小学德育的基本保障

10. 改进方式方法。各级教育部门和中小学校要加强德育规律研究，从中小学生的身心特点和思想实际出发，注重循序渐进，注重因材施教，润物细无声，真正把德育工作做到学生心坎上。要突出知行结合，着力培养学生养成良好的行为习惯，客观真实记录学生行为表现情况，引导学生将道德认知转化为道德实践。要勇于改革创新，探索德育工作的新途径、新方法，定期开展德育教研活动，提升教师德育专业能力。

11. 加强组织领导。各级教育部门和中小学校要将德育工作纳入教育发展规划和学校工作计划，确立年度德育工作目标和任务，明确相关责任主体。保障德育工作经费，纳入教育经费年度预算，满足学校德育工作需求。

12. 强化协同配合。各级教育部门和中小学校要主动联系综治、公安、民政、共青团、妇联、关工委等相关部门，切实加强对进城务工人员随迁子女、农村留守儿童的关爱和教育。开展流浪未成年人、有严重不良行为未成年人的教育帮扶，做好预防青少年违法犯罪工作。大力推动家庭教育，普及中小学家长委员会和家长学校，改进家访制度，鼓励家长参与学校管理，树立科学观念，运用良好家风，促进子女成长成才。要积极争取当地党委政府支持，整合社会资源，净化社会环境，形成育人合力，共同发挥正能量。

13. 完善督导评价。各级教育督导部门要加强对中小学德育工作的督导检查，将其纳入教育综合督导的重要内容及责任区督学的工作范畴，使之制度化、规范化。督导评价结果要以适当方式向社会公布。教育部将定期表彰全国中小学优秀德育课教师、优秀班主任、优秀德育工作者和德育工作先进集体，探索品德优秀学生表彰激励机制。各地教育部门和中小学校也要完善相应的表彰激励机制，发挥榜样示范作用，努力促进年青一代全面发展和健康成长。

教育部

2014 年 4 月 1 日

附录 6　中等职业学校教师职业道德规范(试行)

（2000 年 5 月 16 日　教育部　全国教育工会印发）

一、坚持正确方向

学习、宣传马列主义、毛泽东思想和邓小平理论，拥护党的路线、方针、政策，自觉遵守《教育法》《教师法》《职业教育法》等法律法规。全面贯彻党和国家的教育方针，积极实施素质教育，促进学生在德、智、体、美等方面全面主动地发展。

二、热爱职业教育

忠诚于职业教育事业，爱岗敬业，教书育人。树立正确教育思想，全面履行教师职责。自觉遵守学校规章制度，认真完成教育教学任务，积极参与教育教学改革。

三、关心爱护学生

热爱全体学生，尊重学生人格，公正对待学生，维护学生合法权益与身心健康。深入了解学生，严格要求学生，实行因材施教，实现教学相长。

四、刻苦钻研业务

树立优良学风，坚持终身学习。不断更新知识结构，努力增强实践能力。积极开展教育教学研究，努力改进教育教学方法，不断提高教育教学水平。探索职业教育教学规律，掌握现代教育教学手段，积极开拓，勇于创新。

五、善于团结协作

尊重同志，胸襟开阔，相互学习，相互帮助，正确处理竞争与合作的关系。维护集体荣誉，创建文明校风，优化育人环境。

六、自觉为人师表

注重言表风范，加强人格修养，维护教师形象，坚持以身作则。廉洁从教，作风正派，严于律己，乐于奉献。

附录7　中等职业学校学生公约

爱祖国，有梦想。热爱祖国，热爱人民，热爱中国共产党。志存高远，服务人民，奉献社会。

爱学习，有专长。崇尚科学，追求真知；勤学苦练，精益求精；不会就学，不懂就问。

爱劳动，图自强。尊重劳动，勇于创造；艰苦奋斗，勤俭节约；从我做起，脚踏实地。

讲文明，重修养。尊师孝亲，友善待人；诚实守信，言行一致；知错就改，见贤思齐。

遵法纪，守规章。遵守法律，依法做事；遵守校纪，依纪行为；遵守行规，依规行事。

辨美丑，立形象。情趣健康，向善向美；仪容整洁，衣着得体；举止文明，落落大方。

强体魄，保健康。按时作息，坚持锻炼；讲究卫生，保持清洁；珍爱生命，注意安全。

树自信，勇担当。自尊自信，乐观向上；珍惜青春，不怕挫折；敬业乐群，勇担责任。

参考文献

1. 史春伟. 合格班干部的自我培养[M]. 芜湖：安徽师范大学出版社，2012.

2. 胡钰. 活力班级的文化建设[M]. 南京：江苏教育出版社，2015.

3. 王一军，李伟平. 班级活动设计与组织实施[M]. 北京：教育科学出版社，2007.

4. 涂俊礼. 爱的智慧：班主任管理札记[M]. 北京：新华出版社，2015.